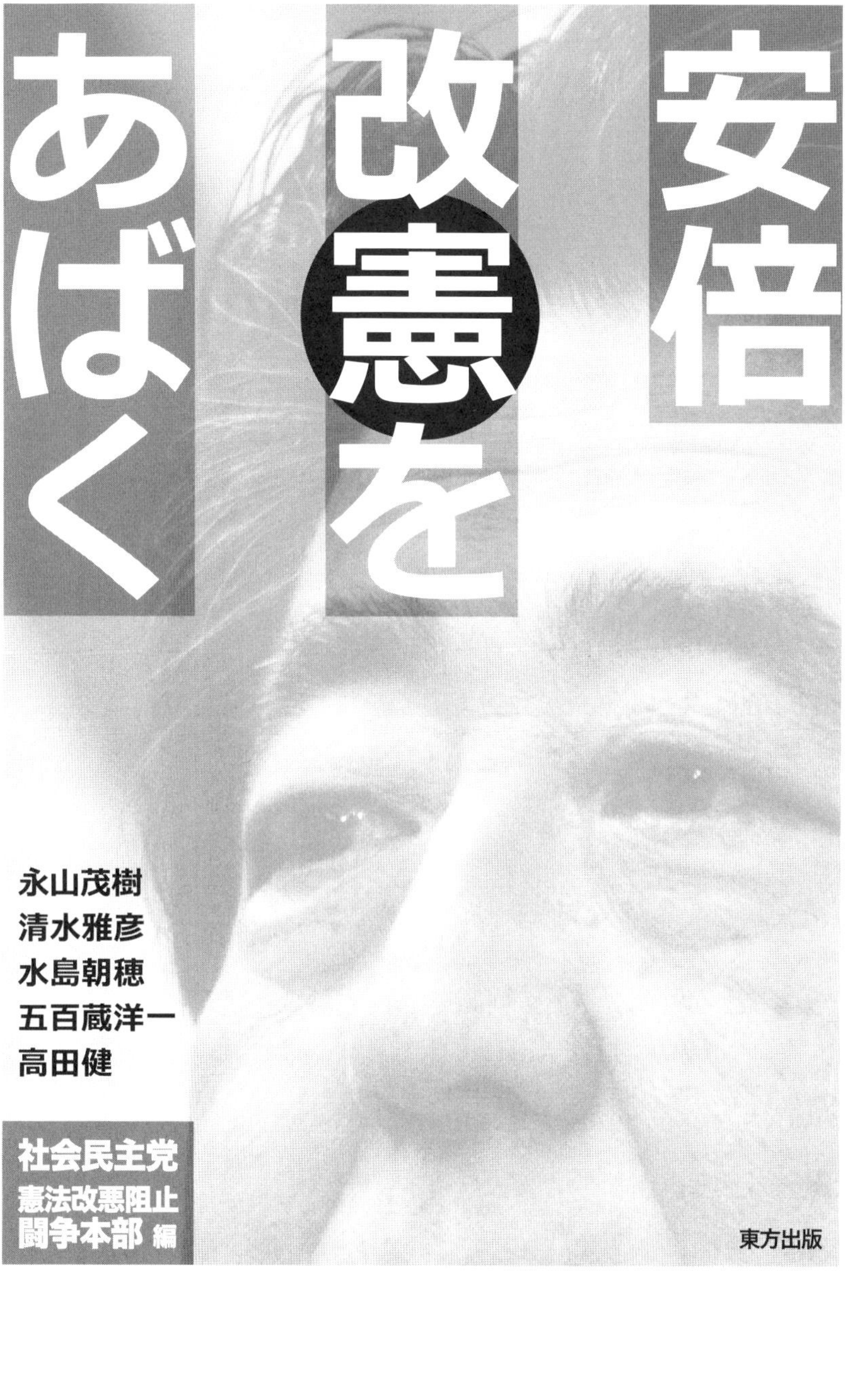

安倍改憲をあばく

永山茂樹
清水雅彦
水島朝穂
五百蔵洋一
高田健

社会民主党
憲法改悪阻止
闘争本部 編

東方出版

はじめに

社会民主党党首
（憲法改悪阻止闘争本部本部長）
又市征治

安倍政権はこれまでに、特定秘密保護法の制定、集団的自衛権の一部行使を容認した「戦争法」の強行成立、いわゆる「共謀罪」の強行成立、日米同盟の一体化の強化と自衛隊の軍備増強など、「戦争できる国」づくりに邁進し、憲法九条改正への地ならしを着々とおこなってきました。

その総決算として、安倍首相は二〇二〇年までに自衛隊を第九条に書き込み、一項（戦争放棄）、二項（戦力不保持と交戦権否認）を死文化させるという明文改憲を提起しています。

安倍政権は、森友学園問題、加計学園問題、自衛隊日報問題、毎月勤労統計不正問題などにみられるように、公文書の隠蔽・改ざん、虚偽答弁、データねつ造を繰り返し、行政と政治の私物化を平然とおこなってきました。また、辺野古埋立て反対の沖縄県民の民意を再三再四、無視し、辺野古の海に土砂投入を続けて辺野古新基地建設を強行しています。

憲法連続講座 第1回（2018年4月18日）

本来、憲法に縛られる国家権力が、立憲主義、民主主義、平和主義をかなぐり棄て去り、国民に強権的政治で襲いかかっています。

いまこそ、安倍政権の暴走政治を終らせなければなりません。立憲主義、民主主義、平和主義をとりもどすためには、「戦争をさせない・九条を壊すな！総がかり行動実行委員会」や「安保法制の廃止と立憲主義の回復を求める市民連合」などの院外の民主的団体と院内の立憲野党が、心をひとつにして共闘運動をよりいっそう強めていくことが必要です。来たる七月の参議院選挙では、「アベ政治を許さない！」を合言葉に安倍政権を退陣に追い込みましょう！

この「安倍改憲をあばく」と名付けた本書は二〇一八年四月から七月までの月一回、社民党憲法連続講座として開催した憲法講演会をとりまとめたものです。アベ暴走政治を終焉させるために、安倍政権による九条改憲を阻止するための武器のひとつとして本書のご活用をお願いいたします。

凡例

・日本国憲法の箇条は、例えば第九条が正式な表記ですが、九条などと第を略しました。
・本文中の欄外注は、実務編集担当者が行いました。

カバー写真／パブリックドメインQ
本文写真／社会新報
一〇四ページ写真／豊里 友行
装丁・本文レイアウト／林 眞理子

安倍改憲をあばく　目次

II 市民運動の力で安倍改憲阻止を ―― 89

戦争させない・9条壊すな！
総がかり行動実行委員会共同代表

高田健 安倍改憲の動向と私たちのたたかい方 91

資料編 討議資料 自民党改憲重点四項目「たたき台素案」について 107

吉川はじめ おわりに 126

I

「憲法連続講座」講演録

永山茂樹
東海大学法学部教授・憲法学

自民党改憲案を斬る！

講演録（二〇一八年四月一八日）

自民党は改憲の動きを加速するため、三月の党大会で具体的な改憲条文を示すとされていました。モリ・カケ問題や公文書改ざん問題などで支持率が急落するなか、条文案を示すにいたらなかったものの、自民党憲法改正推進本部の集約を経て安倍改憲の姿がハッキリしてきました。安倍改憲の全体像に迫ります。

九条改憲の目くらまし

自民党の改憲案には四つの柱がありますが、全体の関係をどう考えたらいいのか。そのことからお話したいと思います。九条改憲が安倍さんの長年の悲願であることは間違いないのですが、今回はそれ以外にいろんな条文の改憲が加えられている。これをどう見るかということです。

二〇一二年に自民党が改憲草案を発表しました。前文から最後のところまで、憲法を全面的に変えるものです。これが、九条を含めて四つのポイントに絞られていった。この四つ、九条改憲＋αの部分は何なのか、なぜこれが残ったのかが気になるわけです。

おそらく三つ[1]理由があるんだろうと思います。一つは、目くらましのため。さすがに九条改憲だけだと、安倍改憲＝軍国主義の復活だという批判も受けかねない。そこで目くらましをする。九条改憲もあるけどそれだけじゃないんだ、という意味があると思うんです。二〇一二年の改憲案も今回の四

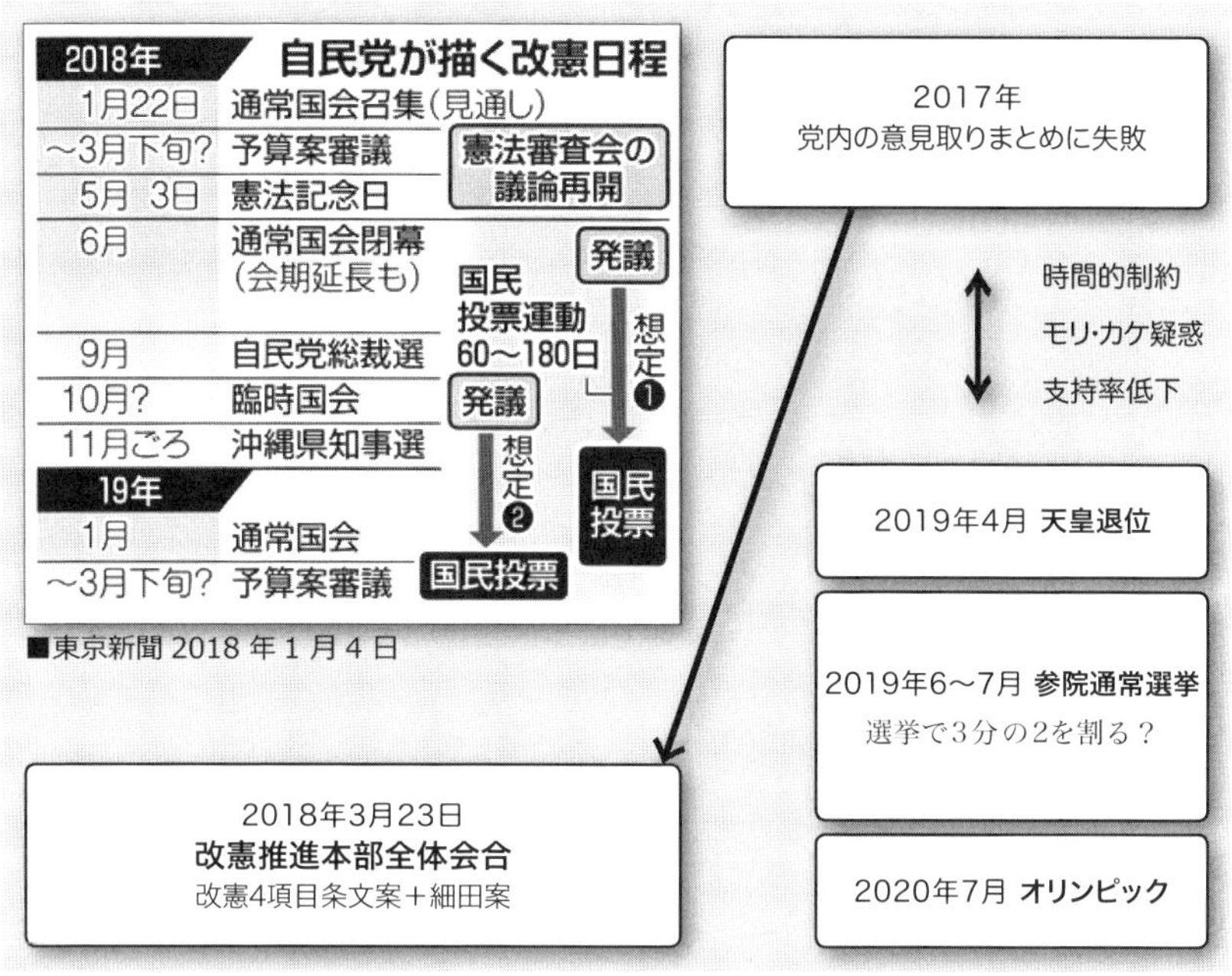

本柱もそうですが、護憲側の抵抗感を弱めるため、素性の知れないものが入っています。

二つ目は、九条改憲を実質化する一種の支えです。安保法を通して戦争をできる国をつくって、総まとめとして九条改憲がある。ところが集団的自衛権を行使できるように、憲法に自衛隊を明記しても、それだけでは戦争をしやすい国になっていません。例えば国会前に人々が集まって「戦争反対！」という声を上げ続けるようでは、戦争はやりづらい。そうすると、そういう国民の声をどうやって抑え込んでいくか、洗脳教育をして、安倍さんに反対しない若者を育てていくか、という課題があるでしょう。それに必要な権威

⑴ **三つ理由**——次頁の「九条改憲＋α」で図示。

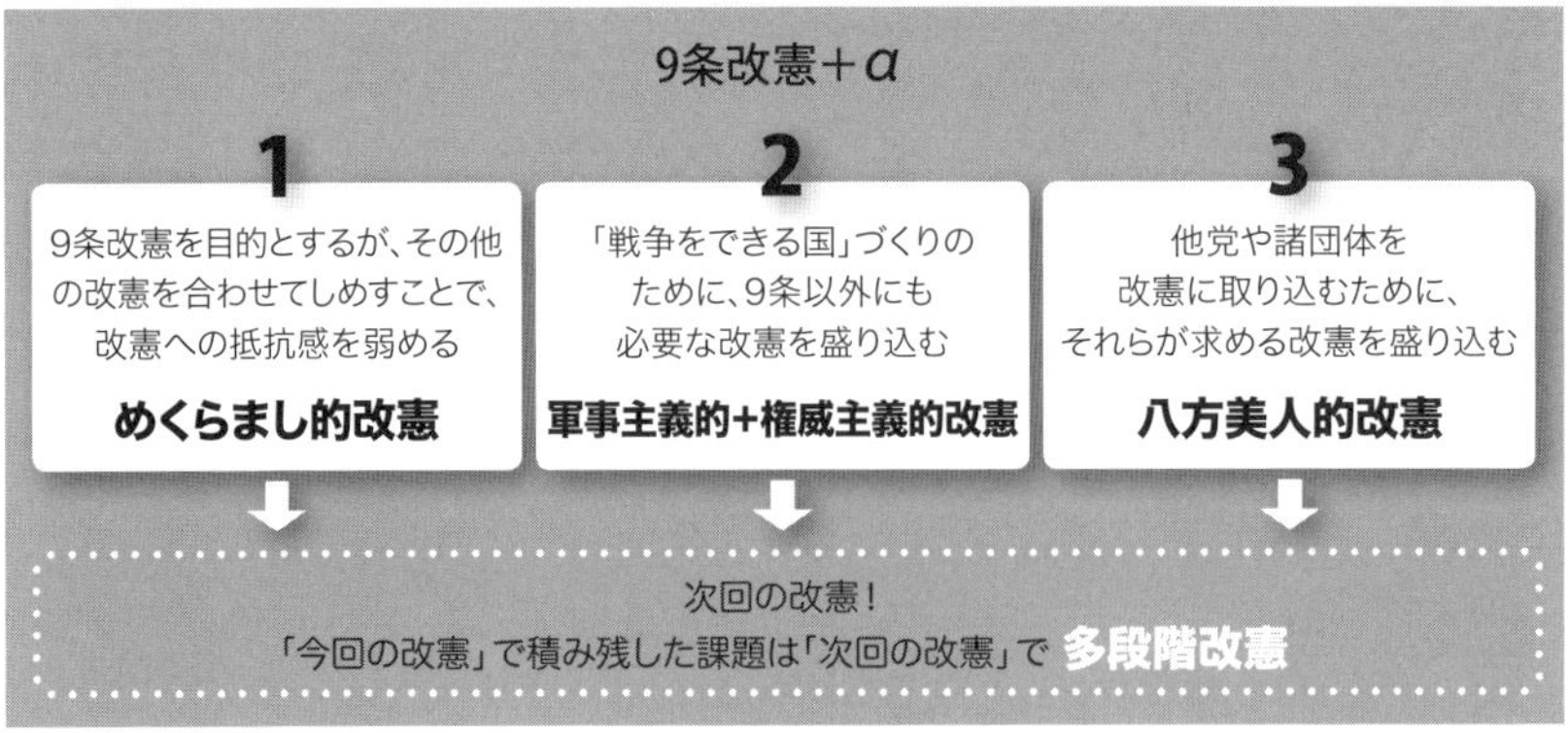
9条改憲＋α
1
9条改憲を目的とするが、その他の改憲を合わせてしめすことで、改憲への抵抗感を弱める
めくらまし的改憲
2
「戦争をできる国」づくりのために、9条以外にも必要な改憲を盛り込む
軍事主義的＋権威主義的改憲
3
他党や諸団体を改憲に取り込むために、それらが求める改憲を盛り込む
八方美人的改憲
次回の改憲！
「今回の改憲」で積み残した課題は「次回の改憲」で 多段階改憲

主義的な仕掛けが、安倍改憲のなかに入っています。

三つ目。参議院制度改革の改憲論がありますが、これは全国知事会が、熱心に主張しています。教育の改憲論は、一部野党の考えと重なっています。つまり、安倍さんが本来考えていたことではないけれども、他の政党とか社会団体とかを取り込むための八方美人的な意味があると思います。

このように、目くらましと、権威主義と、八方美人の改憲が、プラスαのなかに入っている。反対に九条改憲では、安倍さんが言っているのは中途半端なところがあって、逆側からの反発もある。ちゃんとやりたい石破茂からすると、不十分で生ぬるい九条改憲だということになります。

じゃあ生ぬるい九条改憲だとどうなるのでしょう。仮に九条改憲＋αが実現したら、次の改憲を準備するんじゃないでしょうか。自民の有力議員から、今回の改憲のあとでもう一回やるんだ、という発言も出ています。つまり今回の九条改憲＋αで終わりではない。多段階の改憲が狙われるというのが私の印象です。だから仮に今回の九条改憲＋αが生ぬるくても、それで安心はできない。その次の改憲に弾みをつけるということかもしれません。

カッコ付の教育無償化

ここまでは全体のお話でした。今から教育と参議院制度改革のことに絞ります。

まず教育「無償化」です。この無償化は「　」（カッコ）が付いています。「　」があるのとないのではだいぶ違います。しばらく前は安倍さんも、「　」が付かない無償を言っていましたが、今は「　」のない無償化を言いません。「　」無しの無償化はいいことですが、「　」が付く方はちょっと嘘がある。改憲で教育は無償になるというのは、国民の側の誤解です。

昨年の三月に一応まとまった改憲四本柱のうちの一つ、教育に関する部分は改憲案二六条三項として示されています。現行二六条[2]に、「国は教育が国民一人一人の人格の完成を目指し、その幸福の追及に欠くことのできないものであり、かつ、国の未来を切り拓くうえで極めて重要な役割を担うものであることに鑑み、各個人の経済的理由にかかわらず、教育を受ける機会を確保することを含め、教育環境の整備に努めなければならない」という三項を加えています。これが問題の教育「無償化」条項です。

三項の結びは「努めなければならない」ですね。国は頑張るけれど、実現できなくてもうるさいこ

(2) **二六条**——討議資料 一二二ページ参照。

国際人権規約A規約13条2

(c) 高等教育は、すべての適当な方法により、特に、無償教育の漸進的な導入により、能力に応じ、すべての者に対して均等に機会が与えられるものとすること。

どこを基準に考えても「無償」化は、現状より後退している

とは言うなという、努力目標になっています。

お気づきかもしれませんが、二五条一項の生存権について同じ議論がありました。生存権保障は国の努力義務というのが国と最高裁の立場です。だから実際には生活保護がいきわたらなくても、国民が裁判で給付を求めるのは難しいのです。これと同じ解釈手法が二六条に適用されるのではないか。二六条三項は人権の規定ではなくて国の努力目標である、国も苦しい財政状況のなかで一生懸命やっているんだから我慢しなさいと、門前払いをくらうのではないか。

今の憲法の規定は教育を受ける「権利」になっています。だから私たちは教育を受ける権利がある、貧しい家庭の子どもだって権利として教育を受けられるようにしろ、と堂々と主張できます。しかし新しい三項に引きずられて、教育を受ける権利は国の努力目標に格下げされます。

教育無償化は憲法二六条だけではなく、国際人権規約でも約束ずみでした。国際人権規約（A規約）一三条二項には「教育の無償化を漸進的に徐々に導入する」とはっきり書いてあります。日本政府は一九七九年、無償の漸進的導入という部分を除くという条件付きで人権規約に加わりました。でも二〇一二年にこの留保を撤回しました。いま、教育の漸進的な無償化は日本の国際公約です。

ところが国立大の授業料は五三万五八〇〇円で、二〇一二年から下がっていません。明らかに政府の怠慢ですね。そういう政府・安倍政権が無償化に努めますと言ったところで、何もしないのは明らかです。今の憲法のままで無償化をすすめればいいし、むしろそうしなければならない。その義務を果たさずに、二六条三項で私たちを欺こうとしている。だからこれは「　」付きの無償化なのです。

権威主義的な国家づくり

しかも二六条三項には「国の未来を切り拓く上で極めて重要な役割を担うものであることに鑑み」と、教育の目的が書かれています。今の憲法が理想とするのは、一人一人の能力を開花させるための「教育」なのですが、改憲案では国家目標が入ってきて、気持ちが悪い。

同じ問題は八九条[3]にもあります。八九条は、国のお金を公共性のない教育のためにつかってはいけないと決めています。安倍さんはついでにここも変えたい。八九条の「公の支配」に属さない教育を、

(3) **八九条**――討議資料一二二ページ参照。

「公の監督」が及ばない団体に改めようとしています。

「公の支配」が及ばない教育への補助が違憲では、モリ・カケへ補助できません。それを「公の監督」が及ばない教育への補助が違憲だと書き換えれば、モリ・カケへの補助は問題ないかもしれない。反対に、文科省の言うことをきかない私学への補助が違憲になります。軍事研究に否定的だったり、大学自治を主張するところにはお金を出さない、ということになりかねません。このように改憲を通して、教育の国家統制を強めようとしています。

「無償化」を努力目標に棚あげし、教育の国家統制を強め、権威主義的な国家づくりをすすめる。だからこの改憲は現状から後退しています。「なくてもいい」改憲どころか「あってはならない」改憲だと思います。

選挙制度改革と一票の格差

もう一つの参議院の制度改革改憲を説明します。一見して技術的色彩が強く、みなさんの関心が薄いところかもしれません。ここに八方美人の意味があることは、冒頭で指摘しました。しかしそれだけでなく、この改憲は、統治の仕組みの全面的な書き換えにつながります。

憲法四七条[4]で、選挙制度は法律で定めることになっています。もちろん、どんな選挙制度でもかまわないという白紙委任ではありません。一四条が「法の下の平等」を定めているからです。

■2016年通常選挙時の有権者数で比較する投票価値の平等

合区しない場合	有権者 神奈川県との投票価値の較差	合区した場合	有権者 神奈川県との投票価値の較差
鳥取県	483,895人 3.91倍	鳥取県 + 島根県	1,070,057人 1.77倍
島根県	586,162人 3.23倍		
徳島県	651,552人 2.90倍	徳島県 + 高知県	1,279,900人 1.48倍
高知県	628,348人 3.01倍		

合区した場合・合区しない場合の投票価値の較差

ところが改憲案四七条一項では、法律で選挙区を決めるときに「人口を基本とし、行政区画、地域的な一体性、地勢等を総合的に勘案」する、と書きます。だから、一票の価値にひらきがあっても違憲にならない。四七条一項で、行政区画とか地域的一体性とか地勢等を総合的に勘案して選挙区は決めればよいからです。数字を比べて、どの選挙区でも一票の価値は同じじゃなければいけないとは言えなくなるんです。

鳥取・島根・徳島・高知の四県は有権者数が少ないので、参議院の都道府県別選挙については、二県まとめて一区になっています。これが「合区」と

(4) **四七条**――討議資料一一八ページ参照。

いうものです。合区にしないと、大きな都府県との投票価値に大きな開きが生じて、一四条違反になってしまうからです。合区にすることで、東京などとの投票価値の格差が一対二以内でおさまっています。

ところが改憲案四七条一項をみますと、参議院議員選挙では、広域の地方公共団体つまり都道府県を選挙区とする場合、各選挙区で少なくとも一人を選挙すべきものとすることができる、とあります。もし合区をやめて県を選挙区にしたらどうなるでしょうか。合区導入前の人口調査に基づいて計算すると、神奈川と鳥取の投票価値は一対三・九一、神奈川と島根の投票価値の格差は三・二三です。神奈川と徳島は二・九〇、神奈川と高知は三・〇一。合区をやめたら、神奈川とこれら四県の投票価値の格差は三倍にはねあがります。一四条がないがしろにされることがわかります。

参議院制度改憲で気になるのは、投票価値の不平等の問題だけではありません。もし各都道府県から一名以上の議員を選挙で選ぶとなると、参議院議員の位置づけが変わってしまいます。

憲法四三条一項で、国会議員は「全国民の代表」だと書いてあります。神奈川の選挙区で選ばれた議員は、神奈川のことだけでなく、他県の人のことも考えて活動しなくてはなりません。でもこの改憲は、各都道府県の代表としてふるまうよう議員に命じるに等しい。彼ら・彼女らは、自分の選挙区のために頑張れといっています。つまり国会議員の役割が変わってしまうのです。

第三の問題は、選挙結果への影響です。島根・鳥取の合区では、前回の参議院選挙では自民党推薦の候補者が当選しました。徳島・高知の合区でも同じです。ですから合区を解消すると、改選分だけで、

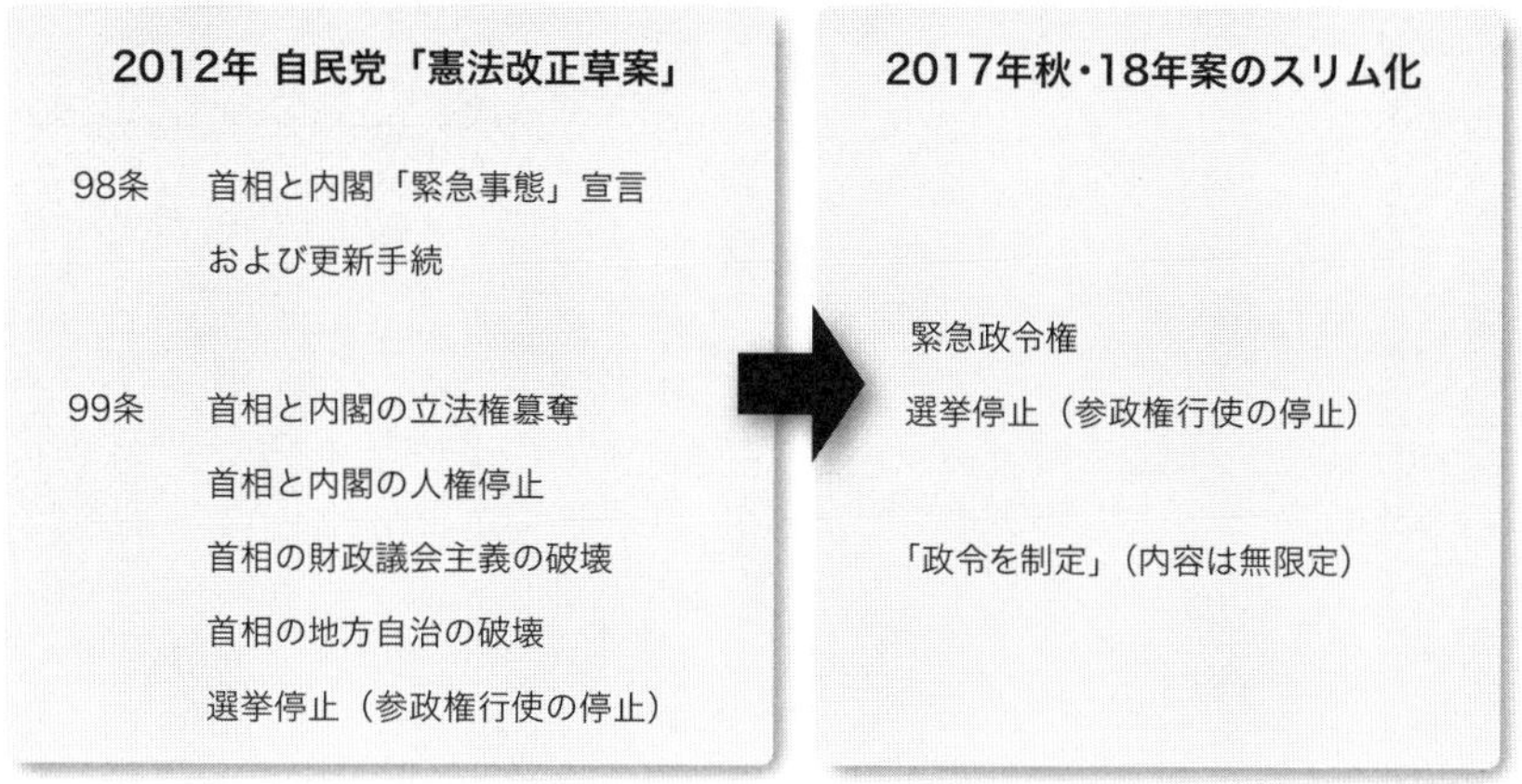

2012年 自民党「憲法改正草案」	2017年秋・18年案のスリム化
98条　首相と内閣「緊急事態」宣言 　　　および更新手続	
99条　首相と内閣の立法権簒奪 　　　首相と内閣の人権停止 　　　首相の財政議会主義の破壊 　　　首相の地方自治の破壊 　　　選挙停止（参政権行使の停止）	緊急政令権 選挙停止（参政権行使の停止） 「政令を制定」（内容は無限定）

四名の自民党議員が誕生する可能性が高いのです。つまり合区の解消で、いくつかの県は、最多得票の候補者一名を選出する一人区（つまり小選挙区）と化します。小選挙区制度が不平等選挙の温床であることはご存知ですね。それを憲法で固定していいのでしょうか。選挙制度は、国民の声を正確に反映することを原則に構築しなければならない。でも合区解消は、とにかく一人区を増やすという自民党の党利党欲に基づくともいえます。そういう選挙区割りは、許されることではありません。

そして最後のひとつです。四七条一項の改憲案では、「両議院の議員の選挙について」と書きます。参議院の制度改革といいながら、衆議院選挙でも有権者数によらない選挙区割りを認めている。参議院の合区解消改憲と報道されることもあるのですが、それは不正確です。衆議院選挙でも投票価値が不平等で構わない、という意味が込められています。

さて結論を申し上げます。合区解消の改憲は、とても技術的に見えます。しかし一つには投票価値の平等が犠牲になる。

二つ目には参議院議員の位置づけを変えてしまう。さらに一人区が増えて自民党を利することになる。最後に、それは衆議院選挙にも及ぶ。そういう意味で、四七条改憲は統治機構全体に関わる問題だと考えています。これは時間をかけて慎重に考えるべきで、九条改憲＋αのところに安易に入れるのは危険です。

教育「無償化」改憲にしても、また、参議院制度改革の改憲にしても、どちらも「なくてもよい」改憲ではなく「あっては困る」改憲です。この改憲によって、現在の人権や民主主義の水準より劣化することになるからです。

（※講演を元に編集者の責任で整理したものです）

ながやま しげき――東海大学法学部教授（二〇一八年四月現在）

一九六〇年、横須賀市生まれ。一橋大学・同大学院修了。憲法学。共著に『秘密保護法から「戦争する国」へ』（旬報社）など。

日本体育大学教授・憲法学
清水雅彦

九条「加憲」がもたらすもの

講演録（二〇一八年五月二三日）

安倍改憲の最大の狙いが「第九条」であることは明確です。首相は「改憲論争に終止符を打つ」と意気込みますが、解釈の議論があるから憲法を変えるとはあまりにも乱暴で本末転倒です。「一・二項を維持し自衛隊を明記する」改憲で、平和主義は維持できるのか。九条「加憲」の意味を検証します。

主観的な判断で自衛権行使が可能に

今日は九条「加憲」を中心にお話しします。いまのところ安倍政権の改憲は安倍首相が思うようには進んでいないように見えます。最近では運動側からも改憲は難しいのではないかという声も聞こえてきます。しかし、安倍首相も、彼を支える勢力もあきらめていない。むしろ安倍首相でなければ改憲はできないと必死です。こちらも負けてはいられない、油断することはできません。

まず集団的自衛権行使容認の問題です。従来の自衛権行使三要件の第一要件は、我が国に対する急迫不正の侵害があるという、だれが見てもはっきりしている客観的な要件でした。集団的自衛権の行使を容認した二〇一四年閣議決定の新三要件は、結局はどの国が「我が国と密接な関係にある他国」なのか、どういう事態が「存立危機事態」なのか、誰かが判断しなければなりません。客観的な要件から主観的な要件に変わった。質が全然違うのです。実際に認定するのはまずは国家安全保障会議、そして内閣が追認するわけですが、秘密保護法がありますし、決定にあたっての情報も国会・国民に隠されることになるかもしれません。そういう意味で簡単に集団的自衛権行使ができるようになってしまった。かなり問題があると思います。

二〇一五年に成立した集団的自衛権行使のための「戦争法」（安全保障法制）は、単に安倍首相が制定したかったというだけではなく、アメリカとの関係、この間の日米ガイドラインの再改定に沿ったものという面があります。安倍首相は、集団的自衛権は国連憲章にも書いてあるのだから国連加盟国の日本が行使するのは当然と言いますが、そんなことはありません。国連憲章五一条には確かに集団的自衛権の規定がありますが、国連加盟国だからといって憲章すべてを履行する必要はないのです。例えばスイスやオーストリアは永世中立国ですし、コスタリカのような軍隊のない国も集団的自衛権は行使しません。各国の憲法や政治的判断によって憲章のこの部分は実際にはやりませんということが可能です。

そもそも国連憲章の草案を作成したダンバートン・オークス会談[1]の際には集団的自衛権の規定はありませんでした。これに中南米諸国が集団的自衛権を保障して欲しいと言い始めました。アメリカは当初は積極的ではなかったのですが、中南米諸国が国連に加盟しないのは困るので、結局アメリカ主導で集団的自衛権の規定が設けられたのです。ところが、米ソ冷戦がはじまると、これを悪用して軍事同盟をつくっていくことになります。当初考えられていた集団的自衛権は、小国が他国から攻撃さ

(1) **ダンバートン・オークス会談**――サンフランシスコ会議で採択された国際連合憲章のもとになった国際会議。国際法の専門家による実務者会議で、連合国の第二次世界大戦の戦後処理構想の一環として一九四四年八月から一〇月にかけてワシントンで開かれた。

れた場合に周りの国に助けてもらいたいというものでしたが、実際は大国に悪用されるようになり、大国が小国に攻め込む際に集団的自衛権が口実として使われるようになっていきます。これまで行使された事例の大部分は、ベトナム戦争やアフガン戦争、アフガン侵攻のように、大国が小国に介入する形でした。私は原点に立ち返って、まずは国連憲章から集団的自衛権の規定をなくす方向で議論をすべきだと考えています。

従来の「自衛権行使の三要件」（一九五四年政府見解）

①我が国に対する急迫不正の侵害があること。
②これを排除するために他の適当な手段がないこと。
③必要最小限度の実力行使にとどまること。

新三要件（二〇一四年七月一日閣議決定）

①我が国に対する武力攻撃が発生した場合のみならず、我が国と密接な関係にある他国に対する武力攻撃が発生し、これにより我が国の存立が脅かされ、国民の生命、自由及び幸福追求の権利が根底から覆される明白な危険がある場合。
②これを排除し、我が国の存立を全うし、国民を守るために他に適当な手段がないとき。
③必要最小限度の実力行使は許容される。

日本政策研究センターの二段階改憲論

さて、「戦争法」はできてしまいましたが、安倍政権としては全国各地の安保法制違憲訴訟もあるし、憲法研究者からも違憲だという批判が強くて使いづらい。九条の制約もあるので、やはり九条を変えたいということだと思います。

二〇一七年五月三日の改憲派の集会に寄せたメッセージで、安倍首相は「憲法は、国の未来、理想の姿を語るものです」と発言しました。しかし、これは政治学科とはいえ法学部出身にしては、いかに勉強してこなかったのかがわかる発言です。この発言に対して石川健治東大教授は、「特定の理想を書き込まないのが、理想の憲法だ」とコメントしていますが、そもそも憲法は国家権力を縛るためにつくられたもので、理想を語るものではないのです。

そして、この発言を受けて自民党の憲法改正推進本部の議論がはじまりました。ご存知の方もいると思いますが、今回の九条改憲案は「日本政策研究センター」の影響を受けていると思われます。この組織が発行している『明日への選択』という雑誌の二〇一六年九月号に、伊藤哲夫さんという方の論文があります。伊藤さんは、日本政策研究センターの代表で日本会議の常任理事（政策委員）なども務めておられる、安倍首相のブレーンとも言われる人です。

この論文では前の部分で二項削除案を展開し、そのあとに「改憲はまず加憲から」と「加憲」案を提案しています。単に公明党の主張に適合させるだけじゃなくて、護憲派に揺さぶりをかける。昨年（二〇一五年の戦争法反対運動）のような大々的な統一戦線を形成させないんだ、というのです。「加憲」であれば公明党だけでなく、野党も乗ってくるんじゃないか。国民は九条を変えたいとは思っていないから、本来は戦力と交戦権を否定した九条二項を削除したいけれども、二項を残して「加憲」するのが唯一の道だ。国民世論の現実を踏まえた苦肉の提案だとして、二項を残す「加憲」をやったうえで、さらに改憲をするという二段階改憲論を唱えています。

自民党の二つの改憲案

戦後の改憲論議の中心はやはり九条二項改正論でした。主な条文形式の改憲案のなかで、一項を基本的に残しながら二項を変えていくというものが一二あります。これに対して二項を残す「加憲」の提案は、自主憲法期成議員同盟関係の二つしかありません。従来の改憲派からすれば、とにかく二項を変えたいのです。それが改憲派の圧倒的多数であって、今回の安倍首相・自民党はそうではない改憲案を出してきた。改憲論からすれば後退したものであり、苦肉の策というのは事実でしょう。

自民党はこの間、二〇〇五年と一二年に全面的な改憲案を発表しています。二〇〇五年の改憲案は当初復古色を前面に出そうとしていたのですが、取りまとめ役の舛添要一さんが復古色を前面に出していたら国民に受け入れられないと考えて、復古色を削っていきました。九条については二項は削除して、九条の二を加えて自衛軍の設置を明記する、という提案になっています。
これに対して一二年の改憲案は自民党が野党のときにつくった改憲案で、民主党との差異化を図るために復古色が前面に出ています。九条二項は改正して自衛権の発動を妨げるものではない、九条の二を加えて国防軍を設置するなどとなっています。改憲案を説明する自民党の「Q＆A」では、「自衛権には集団的自衛権が含まれている」という説明をしていますから、国防軍がフルスペック（現時点で備うることができる機能をもつこと）の集団的自衛権を行使するというのが一二年改憲案の内容です。ある意味深刻なのは、一二年の改憲案を出したときの自民党総裁が谷垣禎一氏だったということでしょう。野党時代ということはあるかもしれませんが、谷垣禎一氏のようなリベラルな方が総裁のときにこういう改憲案がまとまるということは、自民党が昔と比べてだいぶ右寄りに傾いてしまったということではないでしょうか。

自民党の九条改正案

①「新憲法草案」（二〇〇五年一〇月）

第九条　日本国民は、正義と秩序を基調とする国際平和を誠実に希求し、国権の発動たる戦争と、武力による威嚇又は武力の行使は、国際紛争を解決する手段としては、永久にこれを放棄する。
第九条の二第一項　我が国の平和と独立並びに国及び国民の安全を確保するため、内閣総理大臣を最高指揮権者とする自衛軍を保持する。

第九条の二第三項　自衛軍は、第一項の規定による任務を遂行するための活動のほか、法律の定めるところにより、国際社会の平和と安全を確保するために国際的に協調して行われる活動及び緊急事態における公の秩序を維持し、又は国民の生命若しくは自由を守るための活動を行うことができる。

②「日本国憲法改正草案」（二〇一二年四月）

第九条第一項　日本国民は、正義と秩序を基調とする国際平和を誠実に希求し、国権の発動としての戦争を放棄し、武力による威嚇及び武力の行使は、国際紛争を解決する手段としては用いない。

第九条第二項　前項の規定は、自衛権の発動を妨げるものではない。

第九条の二第一項　我が国の平和と独立並びに国及び国民の安全を確保するため、内閣総理大臣を最高指揮官とする国防軍を保持する。

第九条の二第三項　国防軍は、第一項に規定する任務を遂行するための活動のほか、法律の定めるところにより、国際社会の平和と安全を確保するために国際的に協調して行われる活動及び公の秩序を維持し、又は国民の生命若しくは自由を守るための活動を行うことができる。

第九条の二第五項　国防軍に属する軍人その他の公務員がその職務の実施に伴う罪又は国防軍の機密に関する罪を犯した場合の裁判を行うため、法律の定めるところにより、国防軍に審判所を置く。この場合においては、被告人が裁判所へ上訴する権利は、保障されなければならない。

条文形式の九条一項（原則）維持・二項改正案

●渡辺経済研究所憲法改正研究委員会「憲法改正要点の試案」（一九五三年二月）
●中曽根康弘「高度民主主義民定憲法草案」（一九六一年一月）
●大石義雄（京都大学教授・憲法学）「日本国憲法改正試案」（一九六二年七月）
●自由民主党憲法調査会「自民党憲法調査会中間報告」（一九八二年八月）
●中川八洋（筑波大学教授・政治学）「日本国憲法（草案）」（一九八四年五月）
●読売新聞社「憲法改正試案」（第一次）（一九九四年一一月）
●木村睦男（自主憲法期成議員同盟会長）「平成新憲法」（一九九六年四月）
●山崎拓（自民党幹事長）「新憲法試案」（二〇〇一年五月）
●中谷元↓陸上自衛隊幹部「憲法草案」（二〇〇四年一〇月）
●世界平和研究所（中曽根康弘会長）「憲法改正試案」（二〇〇五年一月）
●鳩山由紀夫「新憲法試案」（二〇〇五年二月）
●創憲会議（民主党内旧民社党・同盟グループ）「新憲法草案」（二〇〇五年一〇月）

条文形式の九条一項二項維持・三項追加案

●自主憲法期成議員同盟竹花光範（駒澤大学法学部教授・憲法学）「第一次憲法改正草案（試案）」（一九八一年一〇月）

●自主憲法期成議員同盟・自主憲法制定国民会議「日本国憲法改正草案」（一九九三年四月）

立憲的改憲論の検討

もう一つ検討しておくべき最近の議論としては、山尾志桜里氏などが主張している「立憲的改憲論」があります。二〇一七年の衆議院選挙当選後の山尾氏の発言を簡単にまとめると、これまで改憲対護憲という二元論で議論してきたが、それではだめだと。改憲に反対する人たちも、立憲主義の観点から改憲の議論をしていくべきだ、というのです。そして、先の選挙で改憲勢力が三分の二を超えているので、憲法改正の発議はさけられない。憲法を改正するなら、自衛隊をきちんと統制できるようにするべきではないか、と展開していきます。

私は、『法と民主主義』（二〇一八年四月号）という雑誌に山尾氏などの発言を批判する原稿を書きましたが、そもそも国会で改憲勢力が三分の二を超えても、自動的に発議されるわけではない。政治情勢、世論動向を受けて政治家も判断するわけで、改憲勢力が三分の二を超えたから改憲発議が免れないという認識は間違いだと思います。

さらに、これは改憲の土俵に乗ってしまうことにもなります。私は枝野幸男（立憲民主党代表）氏が言うように、「九条改憲案の対案は九条」と考えていますので、山尾氏の議論は法律の素人的議論に見えてなりません。例えば、山尾氏は憲法裁判所を設置すれば、二〇一四年の閣議決定（集団的自衛権行使容認）について違憲判決が出るだろうというのですが、本当にそうでしょうか。市民運動をやっているような人でも、日本の裁判所は機能していないから、憲法裁判所を設置すべきではないかという議論をする人がいます。確かに、ドイツや韓国のような憲法裁判所を設置している国で、違憲判決がよく出ますが、日本と同じシステムを取っているアメリカでも違憲判決はたくさん出るわけです。でも、こうした国々でなぜたくさん違憲判決が出るのかといえば、きちんと政権交代をしているからなのです。アメリカの連邦最高裁判所は民主党系と共和党系の裁判官が両方入っていて、ときに違憲判決も出ています。日本の場合にはほとんど政権交代がありません。最高裁の人事権は内閣が握っていますから、長期に自民党政権が続けば結果的に保守的な裁判官が選ばれるのは避けられないのです。憲法を改正して憲法裁判所を設置したって、人事権を内閣がもっていれば、憲法裁判所の裁判官も保守的な人が選ばれていくでしょう。

三審制の今の日本の司法制度の下で、地裁・高裁などではときどきまともな判決が出ることがあります。しかし、憲法裁判所を設置してしまえば、憲法裁判は憲法裁判所だけで扱われ、短期間でどんどん合憲判決が出る可能性が高いのではないでしょうか。読売新聞や日本維新の会が憲法改正して憲法裁判所を設置すべきと主張している意図を、山尾氏はわかってないのではないかと思います。

憲法九条は戦争違法化の流れの最先端

私は九条は歴史的に解釈すべきだという立場です。かつて正戦論、無差別戦争観の下で自由に戦争をしていたわけですが、第一次世界大戦後、人類も愚かではありませんから、国際連盟規約をつくって侵略戦争を制限したわけです。そして制限だけでは不十分だということで、一九二八年には不戦条約をつくって、侵略戦争を放棄します。これは一九二〇年代にアメリカで展開された戦争非合法化運動の成果でもあります。ＧＨＱのメンバーはこれを知っていますから、日本の第九条についても大きな抵抗感がなかったのではないかと思います。

しかし、そのなかでも日本のように自衛の名のもとに侵略戦争をする国が出てきたわけで、一九四五年の国連憲章では今度は「　」（カッコ）つきの「自衛戦争」まで制限することになりました。国際法上は不戦条約によって戦争は禁止されたわけですが、自衛権は認められていた。そのため自衛が口実にされるようになったので、国連憲章は「自衛戦争」をも制限する国際法になったわけです。これをさらに進めることができれば、「自衛戦争」の放棄だってありうるのではないか。日本国憲法九条一項が「自衛戦争」を放棄したと考えれば、戦争違法化の歴史的な流れの最先端に位置づけることができます。

戦争のやり方も少しずつ規制が進んできました。ジュネーヴ諸条約によって民間人や捕虜を保護するようになり、生物兵器、化学兵器、地雷やクラスター爆弾を禁止する条約もつくってきた。昨年（二〇一七年）には核兵器禁止条約が成立し、通常兵器の規制の議論も国連で続いています。こうした流れをさらに推し進めれば、軍隊の規制だって当然ありえるわけで、これがまさに九条二項だと思うのです。九条一項も二項も、突然変異のように登場した規定ではなく、二〇世紀の戦争違法化の流れをさらに推し進めたものと位置づけるべきだと思います。

自民党の九条「加憲」論とは

安倍首相は、歴代の自民党政権ができなかったことをどんどんやってきました。残るのは改憲という状況です。しかし、さきほど言いましたように、戦後の改憲論の流れからすれば、今回の自民党改憲案の「加憲」は彼らの立場からすれば後退です。本当はやりたかった二項の削除や変更から後退しているのは、やはり平和運動の成果、世論の反映といえます。

九条「加憲」論の検討にあたった自民党の憲法改正推進本部の会合には、衆参両院の法制局や憲法審査会の役職者も出席しています。条文案をまとめるにあたって、議院法制局や憲法審査会の事務局に協力を得てつくっているわけです。政治家だけでいい加減な物をつくったわけではなくて、非常に

(2) **ジュネーヴ諸条約**――戦時国際法であり、戦争による傷病者及び捕虜の待遇改善のため定められた。第二次世界大戦後の一九四九年に全面改正された。国際条約でジュネーヴ諸条約（ジュネーヴ四条約、戦争犠牲者保護条約）として整理された。

巧妙な書き方がされていると思います。

自民党の九条の改憲案は、当初は自衛権の行使を「必要最小限度」に制限する規定を入れようとしましたが、これは外れ、自衛隊の活動に歯止めがなくなりました。次に、自衛隊法三条では自衛隊は「国の安全」を保つための組織になっていますから、自衛隊の活動範囲は国内に限定されるはずなのですが、今回の条文案では自衛隊は国だけではなくて「国民の安全」を保つためのものになっています。「国民の安全」という文言は二〇〇五年、一二年の自民党改憲案にも入っており、一二年改憲案二五条の三には在外国民の保護規定も入っています。「国民の安全」という文言を加えることによって、在外国民の安全のために自衛隊を海外に出しやすくなる、そういう意図があるだろうと思います。

さらに、「必要な自衛の措置」という文言ですが、自民党の憲法改正推進本部の資料には「　」（カッコ）で「自衛権」と表現されています。自民党が単に「自衛権」という場合は「集団的自衛権」を含みます。そして、「前条の規定は」「妨げず」という書き方ですが、これも自民党の資料を読むと、この表現は二項の例外規定との解釈が可能という説明がされていて、そういう意図があるのだと思います。

また自衛隊の最高の指揮監督者は「内閣の首長たる内閣総理大臣」とされています。自衛隊法七条では内閣総理大臣は「内閣を代表して」自衛隊の最高指揮監督権を有するとされていますが、これは憲法七二条や内閣法の規定に沿ったものです。「代表して」という文言を使う場合は、閣議決定が前提になりますが、この条文だと「首長たる内閣総理大臣」が直接権限をもつという意味になります。実際に自民党一二年改憲案も、「内閣総理大臣を最高指揮官とする国防軍」という表現を使っており、閣議決定すら経ずに内閣総理大臣の判断で自衛隊を動かせるようにする、そういうものになります。「国会の承認その他の統制に服する」という統制規定ですが、この文言も不十分です。国会の承認も事前でなくてもかまいませんし、「その他の統制」という形で国会以外が統制することができるので、非常に問題が多いと思います。

九条「加憲」論の意味

つぎに、九条「加憲」の意味について考えます。いまは国民の多くが自衛隊を合憲と考えているわけですが、私はこれまで憲法の専門家が自衛隊を違憲といってきたことには意味があったと思っています。安倍首相は七割八割の憲法学者が自衛隊違憲といっているといいますが、それは昔のことで、今は憲法学界も保守化が進みました。それでも二〇一五年のマスコミのアンケートでは、違憲論者が六割弱、合憲論者は二割台ですから、昔より減ってはいますが学界の中では違憲論が多数派です。専門家が九条と照らし合わせて自衛隊違憲と言うことによって、野党もマスコミも政府を問いただす。だから、政府には常に九条と自衛隊が矛盾しないという説明責任が生じるのです。九条がある以上、自衛隊は戦力じゃないし軍隊じゃない、軍隊じゃないから専守防衛に徹するし、集団的自衛権は行使はできない、海外派兵もできない、という風に歯止めをかけてきたわけです。

安倍首相は二〇一四年に（集団的自衛権行使容認の）閣議決定をして、一五年に戦争法をつくりましたが、それでも自衛隊はまだ「軍隊」ではない。制約がかかっています。裁判所もこれまで自衛隊の存在を前提にした判決を出してきたとはいえ、正面から自衛隊合憲とは言っていないのです。こうした憲法の専門家、裁判所の対応が自衛隊に歯止めをかけてきたという面があると思いますが、憲法に自衛隊を明記すればこれがなくなります。法学一般の後法優先の原則によって、後にできた法が優先しますから、二項が条文として残っても実質的には空文化、死文化していくと思われます。そもそも国民が自衛隊を合憲と考えているといっても、災害派遣や専守防衛に徹する自衛隊です。安倍政権が狙っているのは集団的自衛権行使をする「軍隊」としての自衛隊で別物です。自衛隊を合憲と考えている人でも、集団的自衛権行使まではだめだと考えている人が多いわけですから、そうした人たちにも今回の改憲には反対してもらわないといけない。そうした人も巻き込むような反対運動を展開しなければと思います。

また、憲法に自衛隊の存在を明記すれば、自衛隊の公共性が高まります。夜間の自衛隊機の離発着などに対する反対運動などがありますが、憲法に自衛隊を明記すれば自衛隊に公共性があるんだから我慢しろと政府も言いやすくなります。有事法制では有事の際に土地収容をしたり、医療・土木関係者、地方公務員、民間の指定公共機関の労働者が戦争に動員されるわけですけれども、自衛隊の存在が憲法に明記されれば政府はここでも公共性を主張しやすくなります。安倍政権の下で産学軍事研究が進んでいますが、これも九条に自衛隊を明記すれば拍車がかかるのではないでしょうか。九条に自衛隊を書くことで、大きく変わる。こういう改憲をしてはいけない。かつて吉田首相は「自衛隊は日陰者[3]

の方がいい」と言いましたが、私もそう思います。憲法に明記すれば、正々堂々と悪さをしかねない。自衛隊を憲法に書いてはいけないと思います。

消極的平和と積極的平和

安倍政権が目指しているのは、欧米のような軍隊を持って戦争することが正当化される「普通の国」になろうとしているのでしょうが、人類の戦争違法化の歴史の中で最先端を行く優等国が、わざわざレベルダウンして「普通の国」になる必要はありません。世界にはすでに二六の軍隊のない国家が存在しますから、日本は二七番目の軍隊のない国家を目指すべきです。

安倍首相はこの間、「積極的平和主義」という言葉をよく使いますが、これは安倍首相の造語ではありません。日本国際フォーラム[4]という民間シンクタンクが二〇〇九年に「積極的平和主義」についての提言を出しています。憲法九条は「消極的・受動的平和主義」であるから、「積極的・能動的平

（3）**「自衛隊は日陰者の方がいい」**——吉田茂首相（当時）が一九五七年に防衛大学校の卒業生に訓示した言葉。原文は「君達は自衛隊在職中、決して国民から感謝されたり、歓迎されることなく、自衛隊を終わるかもしれない。しかし自衛隊が国民から歓迎され、チヤホヤされる事態とは、外国から攻撃されて国家存亡の時とか、災害派遣の時とか、国民が困窮し、国家が混乱している時だけなのだ。言葉を換えれば、君達が日陰者である時の方が、国民や日本は幸せなのだ」。

（4）**日本国際フォーラム**——正式名は公益財団法人「日本国際フォーラム」で、一九八七年三月に設立。会員制のシンクタンク。ホームページ『e-論壇 百花斉放』がある。

和主義」に変えるべきだという内容です。具体的には、非核三原則や武器輸出三原則の見直し、機密保全法制の制定、集団的自衛権行使の容認などをあげています。安倍首相はかつてこの団体の参与を務めていましたから、この議論の影響を受けているのだと思います。この提言自体はホームページで全文読むことができますから、ぜひ確認をしてほしいと思います。

私はこの間、平和学・憲法学が議論してきた消極的平和と積極的平和の観点から平和の問題を考えてきました。消極的平和というのは「何かをしないことによって得られる平和」という考え方で、憲法九条の軍隊を持たない・戦争をしない、という考え方です。積極的平和は「何かをすることによって得られる平和」という考え方で、物理的暴力・戦争だけではなく、貧困などの構造的暴力も積極的になくしていこうというものです。これは憲法前文の二段にある、「専制」「隷従」「圧迫」「偏狭」「恐怖」「欠乏」が構造的暴力に該当する概念ですし、平和的生存権の考え方にもあたります。憲法前文がラディカルで画期的なところは、権利主体が日本国民ではないところです。日本国民さえ貧困と戦争のない状態で暮らせばいいという一国平和主義ではなく、世界から戦争と貧困をなくそうと日本国憲法は言っているわけです。国連も言うように、テロの背景には世界の貧困問題がありますから、日本がすべきことは九条に従ってアメリカの大義なき戦争に参加しないというだけではなく、前文に従って世界の貧困や差別をなくしていこうということではないでしょうか。

自民党の一二年改憲案は九条を変えるだけではなく、前文のこの部分をすべて削除しています。絶対にこういう改憲をしてはいけないと思います。平和運動の側も九条だけではなく、前文の平和主義

「オスプレイの横田基地配備に反対する東京集会」後、横田基地前をデモ行進する参加者たち。

（2018 年 6 月 17 日）

についてももっと注目していくべきです。二〇一六年の国連総会で、「平和への権利宣言」というものが採択（賛成一三一国、反対三四国、棄権一九国）されたのですが、なんと日本政府はこれに反対したのです。アメリカが反対するからなのですが、憲法に平和的生存権を書いている国が、国連総会で「平和への権利宣言」に反対したのです。でも、国連でそういう議論があり、宣言が採択されたということも、まだ国内の平和運動の中でも十分には知られていない。もっと世界に憲法の価値観を広げるという意識があっていいと思います。

軍隊のない国家

アンドラ、クック諸島、コスタリカ、ドミニカ、グレナダ、アイスランド、キリバス、リヒテンシュタイン、マーシャル諸島、モーリシャス、ミクロネシア、モナコ、ナウル、ニウエ、パラオ、パナマ、サモア、サンマリノ、ソロモン諸島、セントキッツ・ネービス、セントルシア、セントヴィンセント・グレナディス、トゥバル、ヴァヌアツ、ヴァチカン、ルクセンブルグ

※前田朗・東京造形大学教授調べ

自民党一二年改憲案が最終目標

改憲派の最終目標はやはり、全面改憲でしょう。その場合のたたき台になるのが自民党の一二年改

憲案だと思います。一二年改憲案は国家主義が前面に出ています。現日本国憲法前文の冒頭は「日本国民は」から始まっていますが、自民党改憲案では「日本国は」で始まっています。そのあと、「天皇を戴く国家であって」と続きます。

人権規定も大幅に変更されそうです。日本国憲法で人権を制約するのは「公共の福祉」ですが、これが「公益及び公の秩序」に変えられます。「公共の福祉」という文言を英語で言えば「public welfare」で、人々の利益・福祉という意味になります。例えば、憲法一三条の幸福追求権の規定も、公共の福祉に反しない限り保障されるとなっています。一三条は新しい権利の根拠規定に使われ、例えば最高裁も一三条から喫煙の自由が保障されるというのですが、「公共の福祉に反しない限り」となっているからどこでもたばこを吸っていいわけではない、と判断します。「公共の福祉」はすべての人権に内在していると考えますので、例えば憲法二一条の表現の自由の規定の中には「公共の福祉」という文言が明記されていませんが、内在していると考えて、表現の自由も「公共の福祉に反しない限り」保障されているということになります。だから、表現内容にプライバシー権や名誉権侵害の内容があれば、事前差止や損害賠償の対象にもなる。「公共の福祉」という概念は、人権と人権がぶつかった場合にどっちかの人権を優先すれば、もう一方の人権を制限するという内容になります。これと「公益及び公の秩序」は似ているように見えますが、全然別のものです。

この部分は二〇〇五年改憲案の発表前の段階では、「国家の安全と社会秩序」という表現を使っていました。自民党は国家の安全を優先して人権を制限するというふうに、人権制約原理を変えようとしているのです。二〇一三年に秘密保護法の議論していたときに、自民党の同法担当責任者の町村信孝氏が「国民の知る権利より国家の安全が優先する」という趣旨のことを言いましたが、そういう発想があるからでしょう。私たちは盗聴法や共謀罪法は、人権侵害立法、違憲立法だと言いますが、こうした改憲が成立すればどうでしょうか。人権制約原理を変えることも絶対許してはならないと思います。

憲法の講演に呼ばれた後の懇親会などでも、居酒屋に入っていきなりタバコを吸う人がいます。テーブルに灰皿があるから煙草を吸っていいと思うのでしょうが、公共の福祉論からしたらダメですよね。一緒にいる人に聞いて、その中に煙草はダメだという人がいれば吸ってはいけない。平和とか人権問題に関心がある人でも、いきなりタバコを吸う人がいます。憲法の考え方が身についていないのです。そういう部分からも憲法をしっかりと学習してほしいなと思っています。

（※講演を元に編集者の責任で整理したものです）

しみず　まさひこ——日本体育大学教授
一九六六年、尼崎市生まれ。明治大学・同大学院。憲法学。主な研究テーマは平和主義、監視社会論。著書に『憲法を変えて「戦争のボタン」を押しますか？』など。「戦争をさせない1000人委員会」事務局長代行、「9条の会」世話人などを務める。

水島朝穂
早稲田大学法科大学院教授・憲法学

平和憲法と「緊急事態条項」の危機

講演録（二〇一八年六月二〇日）

自民党の改憲案は、緊急時の国会議員の任期延長や、政府への権限集中を規定しようとしています。「緊急事態」を口実に、憲法のルールをなし崩しにする手法は、ナチス政権をはじめ多くの強権体制が悪用してきたものです。「緊急事態条項」の問題など安倍改憲を立憲主義の視点から批判します。

民主主義の緊急事態

緊急事態に総理大臣は何ができるでしょうか。すべて政令に委ねる、内閣で決めていいということになったらどういうことになりますか。考えただけで怖くなります。「民主主義の緊急事態」につながりかねません。安倍首相がめざす「緊急事態」条項は、国会軽視を超えて、国会蔑視と言ってよいと思います。これまでも、憲法尊重擁護義務があるにもかかわらず、憲法を軽視する総理大臣は多くいた。無視する総理大臣もいました。しかし、憲法を蔑視する総理大臣は安倍首相が初めてです。この安倍首相の憲法蔑視観が、まさに毒のように国会議員をはじめ、日本国中にしみ込んできています。

安倍首相は、追及する記者、追及する野党が怖いんです。追及されるとしゃべらなきゃいけなくなるからです。国会は論戦の場なのですから、これは当然です。一九六〇年代、当時の日本社会党に岡田春夫衆議院議員（旧北海道第五区選出）がいました。彼に作家の松本清張が三矢《みつや》作戦研究の資料を渡し、岡田議員が当時の佐藤栄作首相を追及しました。三矢作戦は当時の防衛庁が、朝鮮半島に武力紛争が発生した際に自衛隊や国が取るべき行動、施策について極秘裏に研究した図上演習のことです。論戦を通じて三矢作戦の驚愕の事実、恐るべき有事立法の計画、全貌が明らかになりました。極秘の研究が明るみにされたわけですから、それは逆にタブーになっていく。自衛隊がその種の研究ができなくなる経過をたどりました。このように国会論戦が国家権力を縛った時代もありました。

国会の役割の一つは、権力に縛りをかけることです。それが崩れたのが二〇一三年七月二一日の参議院選挙です。結果を伝える翌日の新聞の見出しや記事がきわめて興味深いのですが、東京新聞は「与党圧勝」と書きました。朝日新聞は「与党過半数」と表現し、読売、産経、日経の各紙は、「ねじれ解消」と書きました。実は投票日の朝、NHKの女性アナウンサーが、「ねじれ解消を最大の争点とする参議院選挙が投票日を迎えました」と言っています。みなさん、おかしいとは思いませんか。ねじれ解消とはいったい何でしょうか。衆議院では与党が多数を維持している、しかし参議院は野党が過半数でした。報道は、こうした状態を解消して、参議院でも与党が多数になれと言っているようなものです。これは中立じゃありません。そして、ねじれ解消の結果どうなったか、安倍一強で今日に至っているわけです。しかし、「ねじれ」は悪いことでしょうか。立憲主義というのは基本的に「ねじれ」の制度化ですから。例えば、国会ではこういう法律をつくったけど、裁判所がねじれてそれに対し違憲判決を出す。違憲立法審査権です。あるいは衆議院がやったことに対して参議院は否決する。基本的にこうしたことが許される、それが当たり前というのが二院制という仕組みです。ところで、参議院で郵政民営化法案を否決されると、小泉首相は衆議院を直ちに解散し、二〇〇五年九月一一日、「郵政選挙」と言われるあの総選挙を強行しました。参議院で否決されたならもう一回、参議院に出せばいいのに、なぜ衆議院を解散したのか。小泉首相は、まさに自分への挑戦として受け止めたからなのです。いろいろな意味でねじれているからこそ権力者が焦り、こうした事態が起こるのです。当然逆に、権力者が自らに修正を加えざるを得ない事態も生まれます。

海外派遣の自衛隊に死者が出るとき

これから自衛隊は、国際平和支援法や重要影響事態法によって海外に行くことになります。尖閣諸島や北朝鮮のミサイルが話題になりますが、アメリカのトランプ大統領が実際に要求してくる海外派遣は、中東かアフリカになるのではないかと思います。一九九二年にＰＫＯ協力ができたときは様々議論があって、自衛隊は機関銃も持って行けなかった。携行できたのは拳銃と小銃だけでした。今は機関銃もパンツァーファウスト（対戦車擲弾）もＯＫになっています。つまり自衛隊が本当に死者を出す時代になっているということです。戦死者が出て日の丸に包まれた棺が到着したときどうなるか、考えただけでも恐ろしくなります。

安倍首相は、こういうことが起こるのは憲法のせいだと言いたいのでしょう。今の憲法では多くの制約があり武力行使ができない。自衛隊員は、今の法律では警察官の拳銃使用と同じ制約がかけられ

航空自衛隊那覇基地、F-15J（2014年10月30日）

ていて、相手が撃つまでは撃てない。だから法律を改正し、こちらから撃てるようにするべきだという議論が必ず出てきます。これは安保法制でも越えることができなかった点で、憲法九条の規範力がまだ生きていることの証です。憲法九条と私たちのたたかいの成果として、自衛隊は日本が直接攻撃される場合を除いては、「まだ武器使用しかできない」という現実があります。だから武力行使をするには憲法を改正せざるを得ないということが現実問題としてあるのです。

安倍首相は、憲法を変えても自衛隊の存在を書き加えるだけなら、なにも変わらないと言っています。しかしこれは九条二項を死文化させるテクニックです。憲法改正国民投票のハードルを超えないまま、つまりまだ国民投票が行われていない状況で、死者の出るような戦闘をする。そして日の丸に包まれた棺が羽田に到着したとき、安倍首相がマイクを握って「だから憲法を変えるべきだ」と訴える。これで一気に憲法改正の流れが強まるのではないか、そうした危惧を持ちます。

安倍内閣は二〇〇七年にも安全保障有識者懇談会（安保法制懇）を発足させ、集団的自衛権行使の法制化を行おうとしました。そのときは、内閣法制局長官（当時）が辞表をたたきつけ、法制局全員で辞表を出そうという直前までいきました。結局、安倍首相の退陣でそこまではいきませんでしたが、安倍首相は、当時のことを執念深く覚えていて、今回はまず法制局から毒を注入していった。法制局長官を小松一郎さんというイエスマンの外務官僚に変えるところから始めたのです。

国家緊急権とは何か?

さて、緊急事態に話を戻します。これまでも有事法制とか戦時立法とかいろいろな文言がありましたが、いよいよ憲法に緊急事態条項[5]を加えようというところまできました。

最初にそもそも国家緊急権とは何かという問題です。これは立憲主義という、国家権力を憲法によって制限し統制する仕組みのなかで、ある種の例外をつくるということです。例外が必要とされるのは戦争、大災害そして国内の内乱、大きく別ければこの三つの事態が想定されます。こうした事態が起きたとき、裁判所、国会、内閣の権力分立とか、身柄拘束や捜索の手続きに令状が必要だとか、仮にそうしたことをやっていられないような事態が起きたとき、何日間かは例外的な措置を取るということをあらかじめ決めておく、そういう考え方です。それを国家権力に対して認めるというのが国家緊急権で、立憲主義の究極の例外と言われるものです。ところがこの例外が常態化したり、意図的に常態化させられた時代がありました。ナチスはワイマール憲法にあった緊急事態条項を上手に使い、大統領の緊急命令で国会を無視するような緊急事態を常態化してしまいました。「恒常的非常事態」とも言える状況、その時代がまさにナチスの一二年間であったわけです。

ところで、私たちも緊急事態なんてありえないし、緊急事態条項をつくってはいけないとは言えません。なぜならすでに日本国憲法は緊急事態を予定した条文を持っているからです。憲法には九条がありますから、戦争を想定した緊急事態条項は当然ありません。しかし参議院の緊急集会という制度があります（憲法五四条）。これを審議した第九〇帝国議会の議事録などを読んでみますと、台風や大洪水を想定しながら、緊急集会が必要ではないかということで盛り込まれた経緯があります。また、法律レベルの対応では、戦後すぐに制定された災害救助法があり、これは憲法よりも早くつくられました。次いで、一九六一年、伊勢湾台風の大規模な被害を契機につくられた災害対策基本法です。災害救助法は、お金の貸し借りや救援物資などについて、特別な措置を取ることができるようにすることなど、食事や住宅（仮設）の確保など、災害現場に必要な対応が規定されています。

緊急事態の三点セットというのは、集中、省略、そして特別の制限、と覚えてください。日常においてはいつもそれぞれ分かれて、手続きを経て判断していることを一つにするというものです。

フランスのような大陸型の戒厳令は、軍司令官に、立法、司法、行政のすべての権限を集中して、

(5) **緊急事態条項**――資料編　討議資料一一四ページ参照。

軍法会議の下で裁判が行われることになります。例えば、二・二六事件のときの東京特設軍法会議のように、通常裁判所ではないところで裁判も行うことができます。立憲主義の例外として、必要な権限を、軍司令官、大統領、日本では内閣総理大臣に与えるというものです。これが「集中」の中味です。

次が「省略」です。例えば、国会の同意を得てとか、閣議にかけてといったことを省略する。あるいは政令で特別に実施できるようにするというものです。今でも災害対策基本法一〇五条の災害緊急事態が布告されると、政令で法律に代わるいろいろな措置を臨時的に行うことができます。急いで物資を送るとか、緊急車両の通行のために特別な道路の制限を行うとか、そうした決定を行う際に、その都度国土交通省や警察庁経由でとか、都道府県知事の同意を得て云々とか、そういう手続きを省略できる。「省略」とはそういう意味です。

最後に「特別の制限」です。例えば、これも災害対策基本法に出てきますけれど、NTTとか鉄道、運輸、電気、ガス、さらに医療とか薬剤師や獣医師など、そういう職業が全部列挙されていて、災害のとき都道府県知事の公用令書で、罰則付きで業務を強制できるというものです。個人の自由だから仕事はしないと拒否すれば罰則がかかってくる。明らかに特別の制限です。

すでにある緊急事態の規定

このように、日本国憲法のもとで大災害に対処する緊急対応の仕組みは法律レベルで存在しています。東大法学部の小林直樹教授が、一九五九年の災害対策基本法を審議する国会に呼ばれて、法案は違憲ではないと言っています。大災害のときに、お医者さんや看護師さんに何をしてください、運送業の人にこれを運んでください、これらを知事の公用令書で義務づける。やらない人には罰則があります、ということが定められている。私もこれは違憲ではないと考えます。

この災害対策基本法の法的枠組みをそっくりそのまま引き写したのが国民保護法制です。ミサイルが来るぞと言ってJアラートを鳴らすという枠組みは、実は災害対策基本法の枠組みをこっそりと使った非常に悪賢いものです。災害の格好を取ればと許されるだろうと「武力攻撃事態災害」という人災をひねり出し、特別の制限を合憲にしてしまおうというのは、きわめて悪質だと言えます。

そういう意味では、今の九条の下でも戦争に近い仕組みがすでにつくられています。しかし多くの国民はそのことに意外と気づいていない。安倍首相は、日本国憲法には緊急事態条項がない、ドイツだってフランスだってみんなあるじゃないか、と言います。実はこれは嘘、フェイクなんです。緊急事態の規定がないのではなく、かつて緊急事態条項が乱発・濫用された経験から、現在の憲法ではそれを抑制しているというのが真実です。

戦前までの大日本帝国憲法には、大きく別けて四つの緊急事態条項がありました。まず第八条、これは緊急命令権です。議会に変わって内閣が緊急勅令でどんどん命令できる。そして第一四条は戒厳宣告権。二・二六事件のとき、軍司令官に権限を集中した戒厳令です。それから第三一条の天皇非常大権。天皇の大権の前には、あらゆる権利をストップできる、そうした憲法停止条項を大日本帝国憲法は持っていました。ただ天皇非常大権は実際に使われたことはありません。さらにもう一つ、緊急財政処分といって、国会が停止しているときに、内閣が前年度の予算執行できるというものです。

このように大日本帝国憲法は、緊急事態条項を豊富に持っていた。これを反省して日本国憲法は、緊急命令も認められない、九条があるから軍による戒厳令を布くことも認められない、そして緊急財政処分もできないようにしました。まして天皇大権なんてありえない。参議院の緊急集会だけで十分なのです。それを日本国憲法に緊急事態条項がないから欠陥だと決めつけ、包括的な緊急事態条項をつくるべきだというのが二〇一二年の自民党改憲案です。しかもこの九八条、九九条はひどく出来が悪いと言わざるを得ません。特例政令で全部やってしまうという内容で、こんなのは大日本帝国憲法にもありませんでした。緊急事態条項というのは歴史上、誤用、濫用、悪用、逆用されてきたものです。本来の目的でない形、やり方で使い、濫用されてきた。だからどこの国でも緊急事態条項を反省し抑制してきたのです。

ドイツ基本法の緊急事態条項

かつての西ドイツが基本法（憲法）をつくったのは一九四九年です。最初の草案には緊急事態条項がありました。でも、これがワイマール憲法四八条にそっくりだった。ヒトラーが濫用して使ったのは、大統領の命令で七つの基本権を停止できる条項でした。当時は集会の自由、結社の自由、財産権、信書の秘密など、七つの基本権を大統領の命令として禁止できた。それを濫用した歴史があったので、原案にあった一一一条の緊急事態の規定をバッサリ削除しました。だから西ドイツは一九四九年から一九六八年まで緊急事態法がなかったのです。

これが導入されたのは一九六八年六月二四日、一七回目の基本法改正のときです。緊急事態に関連する条項が多く、基本法全体の三分の一が緊急事熊モードでヴァージョンアップしたといわれています。関連する法律が八一五本もあって、「緊急事態憲法」といわれました。日本では、どちらかというと批判的に紹介されましたし、私自身もかなり否定的に評価していました。しかし、その後、いろいろと分析を重ねていくと、大分違うことがわかってきました。

当時、ドイツ社会民主党は野党だったのですが、大連立政権になって与党のなかに入ります。保守派のキリスト教民主同盟は緊急事態条項をつくりたい、しかし社民党側は認められないと主張する。こうした状況のなかで、緊急事態条項についてすり合わせていくわけです。緊急事態条項がなぜ濫用されたか。大統領命令で全部禁止したからじゃないか。大統領が認定して執行する。大統領がこれは緊急事態だと勝手にでっち上げれば、なんでもできてしまう。実際それがやられたわけです。だから西ドイ

(5) **ワイマール憲法四八条**——ワイマール憲法は一九一九年に制定された第一次世界大戦後のドイツ共和国（ワイマール共和国）の憲法で、当時世界で最も民主的な憲法といわれた。四八条はドイツ国内において、公共の安全および秩序に著しい障害が生じ、またはそのおそれがあるときは、大統領は、公共の安全および秩序を回復させるために必要な措置をとることができ、必要な場合には、武装兵力を用いて介入することができる。この目的のために、大統領が以下の七つの基本権を停止できる条項を明記した。人身の自由、住居の不可侵、信書・郵便・電信電話の秘密、意見表明の自由、集会の権利、結社の権利、所有権の保障の基本権。これらの全部または一部を停止することができる条項。

ツは一九六八年の改正時には社民党も入って徹底的に議論して、議会による統制を決定したのです。

この議論と内容はとてもすごかった。緊急事態を認定するのはあくまでも議会である。つまり、議会が三分の二の多数で、緊急事態を認定して初めて、総理大臣は軍の指揮権を持つと。じゃあソ連のミサイルが飛んで来たらアウトじゃないか、そんなとき国会議員が三分の二も集まれるのかと。だから考えた。各会派の国会議員のなかから四八人の合同委員会をあらかじめ会派ごとに選んでおく。当時西ドイツの首都はボンでした。そこから南西に三〇キロほどのところにあるアール渓谷の地下に政府核シェルターがつくられていました。一九九九年にボン大学で在外研究していたとき、その核シェルターに入ったことがあります。そのなかには首相の部屋から議員や裁判官の部屋などが多数あります。緊急事態の認定は、連邦議会議員と連邦参議院議員のなかからあらかじめ指定された四八人の議員（「非常議会」議員）が三分の二の多数で決定します。その認定を待ち連邦首相が緊急事態措置を実施するわけです。緊急事態の認定者とその実施者を分け、ギリギリまで濫用させない仕組みをつくったのです。

これは基本的に、当時のドイツ社会民主党の力です。そしてこれに大きな影響を与えた一人の学者がいました。私は一九七九年、二六歳のときに、緊急事態法に反対する論陣をはっていた憲法学者でギーセン大学教授、ヘルムート・リッダー先生のところに取材に行きました。リッダー先生の下で一緒に勉強したフランク＝ヴァルター・シュタインマイアーは当時助手で、後に博士号を取って社民党の議員になり、外務大臣を経て、今ドイツ連邦共和国大統領になっています。進歩的な憲法学者の弟子がいま、大統領なのです。

一九六八年の憲法改正時、緊急事態条項をめぐって当然反対運動が起きます。ご承知の通り、この頃はパリのカルチェラタンや日本でも東大紛争など、世界中で大学紛争が吹き荒れた時代です。緊急事態法反対運動でドイツ労働総同盟、社民党青年部（ＪＵＳＯ）なども、みんなデモをやる。その先頭にリッダー先生がいた。リッダー先生は理論家として、この緊急事態法にはこういう問題があると提起していました。結局は社民党も賛成して通ることになります。社民党が賛成しなければ憲法改正はできなかったのであり、社民党の青年部・左派、労働組合、学生運動などみんなが、緊急事態法が通ってしまって敗北感に包まれました。

反対運動によって濫用に歯止め

リッダー先生もきっと悲しんだのだろうと思っていました。しかし一九九八年、リッダー先生の古稀記念論文集を読んでびっくりしましたね。実は仕掛けがあったのです。反対運動をあおって、危険だぞ、民主主義の非常事態だぞとアピールする。あおりにあおって、反対運動をどんどん街頭でやる。そうすると、議会のなかの社民党も頑張る。するとこんな内容だったら通らないと、保守派も分かってくる。その結果、議会による統制をもっと強めようという方向に修正され、とうとう憲法裁判所に訴えることができるまでになった。戦争の最中でも憲法裁判所に訴えられるという条文ができ、労働

国会前道路にあふれた市民。
「戦争をさせない・9条壊すな！
総がかり実行委員会」主催の集会。
（2015年8月30日）

者のストライキ権を対象にしないという条文も入っています。リッダー先生は、実は九割方使えない緊急事態条項にしたということなのです。

つまり反対運動を使いながら議会の統制を非常に強めた緊急事態条項をつくったということです。実は西ドイツが緊急事態条項をつくったのは、一番の危機のときではありません。アメリカとソ連がデタントといって緊張緩和をした時代に、西ドイツは緊急事態法を整備した。つまり戦争に備えるためではなかったのです。当時の西ドイツは占領下にあり、フランス、イギリス、アメリカの三カ国による占領軍が占領留保権という権限を持っていました。ソ連のスパイが西ドイツで活動するのを盗聴したり統制したりする、そういう権限は西ドイツ政府にはなく、独立後も米英仏

憲政記念館に集合した社民党。
「戦争をさせない・9条壊すな！
総がかり実行委員会」主催の集会。
（2015年8月30日）

軍が保持していた。これを「占領留保権」といいます。この占領留保権を定めた条約には、将来ドイツが包括的な緊急事態条項をもって対応できるようになったときに、占領軍の権利は消滅すると書いてありました。だから緊急事態法をつくることは、西ドイツの完全独立の保障であり必要でもあったのです。それを一番落ち着いたデタント、つまり緊張緩和の時期に議会の権限や関与を数多く認めさせた緊急事態条項をつくったわけです。だから、もともと使う気はないのです。緊急事態法は戦争のために備えるという面もあったけれど、そのために使う戦争法じゃなくて、独立のためという一面もあった。表向き緊急事態の議論をしながら、裏ではアメリカからの独立を獲得するための手段として保守と革新が一緒に知恵を出し合いやったのです。

相手の論理や弱点を知る

日本とドイツとの違いは、大分大きいように思えます。同じよう戦争に負けて、同じように占領下から出発しているのに、安倍首相は「日本はトランプさんと一〇〇％一致します」なんておかしなことを言っている。西ドイツがボンを首都にしたのには理由があります。首都の候補地だったフランクフルトはアメリカ占領地区でした。アメリカはライン・マイン空軍基地を整備し、将校用の住宅なども準備して、首都はフランクフルトになると思って待っていた。他方でボンはイギリス占領地区でした。イギリス軍司令官がアデナウアー首相のところにきて、もしも将来ボンが首都になるならイギリス軍は全面撤退すると約束しました。だからアデナウアーはボンを首都にすべく画策して、議会評議会で首都ボンが決まった。アメリカは慌てました。日本をみれば東京には横田基地もあるし、麻布にも米軍基地がある。でも、ドイツのボンには戦後一貫して外国の軍事基地がなかった。もちろんベルリンにもない。そういう意味では同じ占領下でありながら、ドイツはしたたかでしなやかな政治で、米軍基地のない首都をつくったのです。この違いは大きいのではないでしょうか。

私は、ドイツの緊急事態法はすばらしい、こういう内容のものをつくろうと言っているのではありません。ドイツ憲法を研究してきて、人間は相手のなかに飛び込んで、その弱点や論理を徹頭徹尾知った上で批判することが必要だと言いたいのです。ドイツにもいろいろな意図がありますし、右派から左派までいます。しかし最終的にリッダー先生が言うような方向にまとまった背景には、強力な反対運動があったからなんです。日本の安保法制のときも、国会前で学生も野党も頑張ったゆえに、この安保法制でとどまったと思っていいのです。なぜなら領域警備は入らなかったのですから。領域警備が入っていれば海上保安庁に変わって海上自衛隊が乗り出す余地があったわけで、自衛隊出身の佐藤正久参議院議員や元防衛相の石破茂衆院議員なんかは悔しがっていると思います。

隣の芝生が青く見える

さて、どこの国にも緊急事態法があるから、日本にも必要じゃないかという議論があります。これは要するに、隣の芝生は青く見えるというだけのことで、隣はカラーテレビ買ったのにうちは白黒だからカラーにしましょうとか、隣が新しい兵器を買ったからうちも買いましょう、そういうことと同じです。緊急事態法なんてなくてもいいんですよ。日本の国家権力を担う人たちは、危なすぎませんか。情報隠して改ざんする、論点ずらし、争点ぼかし、友達重視、異論つぶしといった統治手法の政権です。嘘をつき続けて、メディアを脅かす。そうした、権力を一番集中させてはいけない政権が、緊急事態には権力の集中が必要だという。あそこに権力を集中させてはいけない。むしろあそこから奪い取れくらいの勢いがないといけないときに、国会の統制機能がなくなっている。

ところで、参議院はとても大事です。自民党の元参議院幹事長の青木幹雄さん、旧民主党の参議院幹事長だった輿石東さんなど独特のすごみがありました。彼らが、「なに言ってんだ！」と言っただけで、政府が実施する施策が止まることがありました。私はこれを民意の定時観測と呼んでいます。衆議院と違って参議院は、三年おきに半数改選します。まさに定時観測。時間を切り三年ごとに確実に参議院選挙が行われる。参議院はダテにつくられているんじゃないんです。一九五四年六月に参議院は「自衛隊の海外出動を為さざることに関する決議」を全会一致で行いました。自衛隊は専守防衛だ。我が国は平和愛好の国民で苛烈な平和愛好心の国民だから、自衛隊は海外には出動させない。こういう決議を六月にやって、七月に自衛隊法が成立した。そういう縛りがいまだにかかっている。それが海外派兵と海外派遣の違いです。安倍首相でさえいまだに海外派兵を合憲とは言えない。そういうことを私たちが確信をもって言っていかないといけないと思います。

緊急事態条項の濫用の歴史から学ぶ

過去の失敗した経験を、どこの国も憲法や緊急事態法制のなかで生かしています。フランスにドゴール大統領が定めた憲法一六条があります。一九六二年にアルジェリアというフランスの植民地で暴動が起きました。このアルジェ暴動のときに、いわゆる緊急事態を布告します。大統領の緊急措置で、大統領は必要なあらゆる措置をとることができるというものです。これにより集会・結社、これらを一切禁止したわけです。ところが、緊急事態がなくなったにもかかわらず数ヶ月延長されました。濫用されたんです。その反省からフランスは、フランス憲法一六条の大統領非常措置権は危ないと考えるようになった。それ以後歴代大統領は決して使いませんでした。一九八一年に就任した社会党のミッテラン大統領はこの一六条を削除しようと提案したほどです。日本とは全く逆の流れです。二〇一五年一一月のテロの際もオランド大統領は、憲法一六条を使わず、緊急状態法を使って対応しました。憲法一六条は「強すぎる」から法律で対応しました。緊急事態条項は劇薬なんです。韓国も緊急事態条項の濫用の歴史です。クーデターも起こり、常時緊急事態とされてきた時期もあります。韓国はそれを抑制するために、緊急事態でも人権救済のために憲法裁判所に訴訟できることにしました。ドイツもこれをまねしたのです。このように安倍首相がつくろうとしている緊急事態条項（自民党改憲案）は、ずっと危険でヒドイものです。

憲法の問題ではなく政治の問題

先日、大阪で地震がありました。災害のときなどは情報や権限を集中する必要があります。しかし下手に集中してはならず、分けておくことも大事です。だから私はここで三人の総理大臣の例をあげます。一人は村山富市元首相、それから小泉純一郎元首相、そして菅直人元首相です。社会党出身の総理大臣だった村山さんについてはいろいろと言われてきました。でも私は村山さんを高く評価しています。阪神淡路大震災が起こったとき、「初めてのことなんで」というようなことを言ってたたかれました。正直ですよね。でも村山さんが偉かったのは、自らを知っていたということです。大震災が起こって村山さんは保守本流で官僚出身、海千山千と言われた自民党の小里貞利さんを震災担当大臣に任命しました。そして次のように言ったそうです。「あなたに全権限を与える。何でもやってくれ。責任はわしが取る」と。その一言で、小里大臣は、各省庁にまたがるような事柄や緊急対応を進めていきました。大規模災害が起きたときに、総理大臣がアイデアを持っている官僚に任せて、省略・集中でどんどんやって、責任は全部取った。村山さんは立派だと私は思っています。総理が責任を取る。その一言が人々に勢いをもたらし士気を変えたのです。

しかし、同じことができなかったのが小泉純一郎元首相です。二〇〇四年一〇月の新潟県中越地震のとき、東京で、「隠し剣 鬼の爪」という題名の山田洋次監督の映画のこけら落しがあり、小泉さんはその会場に向かっているときにグラっときたのです。危機管理監以外の官邸スタッフは誰も帰ってしまっていた。木更津の第一ヘリコプター団があるのですが、これを深夜に飛ばして、孤立した山古志村のお年寄りのところに行けば夜のうちに救えたのに、みんな帰ってしまって仕切る人がいない。結局、救出は翌朝になりました。私は、もしあのとき、映画を見ないで小泉さんが官邸に戻り、秘書官も全部戻して、すぐに対応を取らせればできたと思います。しかし映画を見たために一日遅れてしまいました。

二〇〇四年八月に沖縄国際大学に米軍のヘリコプターが墜落するという事故がありました。当時の沖縄県知事と宜野湾市長が、「米軍が現場を抑えてしまい、消防も宜野湾警察も入れない、何とかしてください」と、官邸に要請に来た。小泉さんは、ちょうど高輪プリンスホテルのスイートルームでオリンピックを観戦していて知事らに会いませんでした。総理大臣が危機のときに先頭に立たない。結果として、米軍はヘリコプターを全部持ち去ってしまって、みんな悔しい思いをした。調整できるのは総理しかいないのに、と沖縄の人は激怒しました。

もう一人、菅直人元首相。東日本大震災で福島第一原発がコントロールできなくなったとき、菅さんが東京電力に乗り込んで「逃げるな」と言った。今でもこれを批判する人もいますが、もしそれを実行せず第一原発から第二原発に避難して、結果的に第一原発がメルトダウンし、爆発していたら東京はどうなっていたかわからない。菅さんのあのときのめちゃくちゃな行動が、日本の運命を変えたかもしれないのです。政府、国会、民間、東電と四つの事故調査委員会がつくられましたが、そのうち一つの報告書では、このときの菅首相の対応をむしろ積極的に評価しています。

村山さんは「責任を取る」という一言で流れを変えた。小泉さんは中越地震でも、沖縄国際大学へリ墜落事件でも直接先頭に立たなかった。ここから見えてくるのは憲法を改正して総理大臣に権限を集中しなくても、今までの総理でもやる人はやっているということです。つまり、憲法の条項に問題や原因があるのではなく、政治をすすめる側、そのトップである総理に問題と責任があるのです。その本質をすり替えるなと言いたいのです。

緊急事態条項は立憲主義の劇薬

結びです。緊急事態条項は立憲主義の劇薬です。劇薬というのは通常は持たない方がいい。今の法律や仕組みを改善し、自治体に権限を下ろして、そこに予算をつけることが必要です。消防ヘリやドクターヘリを、できるだけ多くの地方自治体に配備したらどうでしょうか。現在、国はヘリ導入について、三分の一しか負担していませんが、全額を国が負担すれば、どれだけの人の命が助かるか、ということです。アパッチのような対戦車ヘリはもう要りません。消防ヘリは、人が立って担架を入れられるように高くつくっています。軍用機は弾が当たらないように低くつくってあります。

災害対策の問題は憲法改正の問題ではありません。創造的でクリエイティブな対策を本気で真剣にやるべきだということです。南海トラフも首都直下型地震も、いつ起こるか分らない。そしてまず原発をやめるべきです。活断層の上に一七の原発があるなんてとんでもありません。災害対策に予算をシフトして、「いま、そこにある危機」に対応をする方が先決だ、ということを最後に結論として申し上げたいと思います。

（※講演を元に編集者の責任で整理したものです）

みずしま あさほ――早稲田大学法学学術院教授
一九五三年、府中市生まれ。早稲田大学大学院博士課程満期退学。博士（法学）。憲法・法政策論。札幌学院大学助教授、広島大学助教授などを経て、早稲田大学教授。全国憲法研究会代表、憲法理論研究会運営委員長なども務めた。著書に、『現代軍事法制の研究』、『平和の憲法政策論』、『18歳からはじめる憲法』など、共著を含め合計一〇〇冊以上の著作がある。

弁護士

五百蔵《いおろい》洋一

国民投票の問題点と私たちの闘い

講演録（二〇一八年七月一八日）

安倍政権が継続すれば、二〇一九年にも憲法改正国民投票が実施される可能性があります。憲法改正国民投票は規制だらけの公職選挙法とは異なり、自由かつ無秩序です。憲法改正国民投票の実施に際して想定される問題点を検証しつつ、これからの私たちの闘いを提起します。

一、はじめに

今日は国民投票の手続きの話をします。平たく言ってしまうと、公職選挙法は何をやってはダメ、あれをやってはダメというダメダメ法であるのに対して、国民投票法は何をやっていただいてもかまいません、全くと言うといけないけど、ほぼ制限はありませんという法律です。逆に言えば、私たちが何をできるかという力量が試される場であるということになります。

国民投票法はまだ一度も実行されたことがないわけです。だから今の段階ではシミュレーションにすぎません。ただ、一回予行練習があります。それが、二〇一五年五月の大阪都構想に基づく大阪市住民投票です。橋下徹大阪市長が政治生命をかけて、大阪市を廃止し大阪都をつくる、大阪市を四つか五つくらいの特別区に分ける、東京の二三区のように分ける措置です。その根拠法が大都市地域特別区設置法です。ですが、国民投票法と同じようにほとんど制限の無い法律です。そのために非常に多彩な、あるいは無茶苦茶な運動がたくさん展開されました。そのとき一生懸命活動した大阪のみなさんに聞いていただくと、その迫力がわかると思います。有権者二〇〇万人による予行演習が行われました。今度は一億人による本番が行われるわけです。

二、国民投票法の概要

(一)国民投票法の概要を簡単に説明いたします。正式名称は「日本国憲法の改正手続きに関する法律」です。二〇〇七年にできています。案外古いです。もう一三年前です。二〇一四年に重要な改正を経て現在に至っており、今また、改正の動きがあり議論があります。

憲法九六条は改正について次のように定めております。

一項　この憲法の改正は、各議院の総議員の三分の二以上の賛成で、国会が、これを発議し、国民に提案してその承認を経なければならない。この承認には特別の国民投票又は国会の定める選挙の際行われる投票において、その過半数の賛成を必要とする。

二項　憲法改正について前項の承認を経たときは、天皇は、国民の名で、この憲法と一体を成すものとして、直ちにこれを公布する。

国民投票法は憲法九六条に基づき国会が憲法改正を発議した後に国民が投票する手続きを定めた法律ということになります。

ここで、国民投票の流れを一回おさらいしておきます。

発議するためには各議院の総議員の三分の二以上の賛成が必要となります。つまり、次の二〇一九年の衆議院か参議院の選挙で、賛成派が三分の二を割るという事態になればその後三分の二を回復するまでは国民投票は行われないということになります。

それから、国会が発議した日から六〇日乃至一八〇日以内の日時に国民投票日が設定されます。普通の選挙と違って、六〇日から一八〇日という長い国民投票運動期間があります。

また、選挙と違いまして、国民投票運動のやり方にほとんど制限がありません。ほぼ何をやってもかまいません。

そして有効投票総数の二分の一を超える賛成があれば、憲法改正は成立することになります。有権者の半分ではありません。有効投票数の半分です。最低投票率の定めは現在ありません。だから、極端に言えば三割四割の人が賛成することによって、憲法が変わってしまうこともありうるということです。

(二) 国民投票運動の定義ですが、憲法改正案に対し賛成又は反対の投票をし、又はしないように勧誘する行為をいう(国民投票法一〇〇条の二)と定義されています。

そして、国民一人一人が委縮することなく自由に国民投票運動を行い、自由活発に意見をたたかわせることが必要であるとの考えから国民投票運動は原則的に自由であり、規制はあくまで投票が公正に行われるための必要最小限のものとする、という考えに基づいて定められています。

このため、投票事務関係者や、中央選挙管理会委員等、国民投票手続担当者に対する運動制限が設けられていますが、一般国民による文書・図画や自動車、拡声機等の使用といった手段や方法に係る制限の規定はありません。何をやってもいいいんです。それから、選挙運動にかかわる公選法一二九条の規定のような運動期間の制限もありません。選挙運動開始の日、告示、公示のような概念はありませんから、今でも憲法改正賛成、反対の国民投票運動を行うことができます。

発議から国民投票の投票日までの期間六〇日から一八〇日、これ長いですよ。例えば、もしもですね、二〇一八年の二月一日発議が行われて、五月一日に投票が行われたとします。その間、何があったでしょうか。森友の文書改ざん問題です。二月七日に朝日新聞が公表するまで安倍内閣はイケイケでした。それが二月七日以降、急に状況が変わりました。やっぱり、最小六〇日、最大一八〇日、その間何があるかわかりません。だから、与党の側には、極力国民投票運動期間を短くしようという発想がみられるわけです。それでも長い期間だということを覚えてください。

(三) そして、有権者が膨大な数に及びます。一八歳から有権者なんです。

一〇〇歳以上は七万人います。有権者は一億六〇九万人いるんです。少子高齢化の時代一八歳未満が極端に少ないんです。総務省統計局が発表している「人口推計」を見てください。平成二九年一二月現在の日本の人口です。八〇歳から八四歳を見てください。五三一万人います。元気ですね。〇歳から四歳見てください。四九〇万人しかいません。今日本では赤ちゃんよりも、八〇歳から八四歳の人の方が多いんです。五歳から九歳を見てください。五二四万人です。これもまた八〇歳から八四歳の人より少ないんです。そして、一〇歳から一四歳が五四三万人、一五から一九が六〇〇万人。このように子どもや若者はものすごく少ない。一年間で九五万人くらいしか生みません。実は去年二〇一七年は九五万人くらいしか生まれてないんです。団塊の世代、昭和二二年、二三年、二四年の三年間は毎年二七〇万人生まれていました。今の子どもは団塊の世代の三分の一しかいないんです。高齢化の問題だとか、それから人手不足の問題だとか今いっぱい騒がれていますが、この人口分布を見るとわかるんです。国民投票をする一八歳以上は一億九〇〇万人いるんだけれども、全人口は一億二六〇〇万人しかいないんです。これが現在の日本です。いずれにしても有権者は膨大な数です。二〇一五年五月一七日実施した大阪都構想の住民投票ですが、反対が七〇万五五八五票、賛成が六九万四八四四票。投票率は六六・三%です。一四〇万人が投票して賛否の差がわずか一万〇七四一票なんです。ものすごい拮抗状態でした。憲法についても同じような事態が起こる可能性はあります。大阪都構想の住民投票やイギリスのEU離脱（ブレグジット）を見ればわかるように、実際にやってみないとわからないという、そういう状況があると思います。

そして最低投票率の定めはありません。いくら低くてもいいんです。まあ、実際には、大阪都構想は六六・三%の人が投票しました。やはり憲法改正の問題になったらそれくらいは投票するだろうなって気はします。でも、いずれにしても、全有権者の半分もとれなくても多数を取れば憲法改正は成立

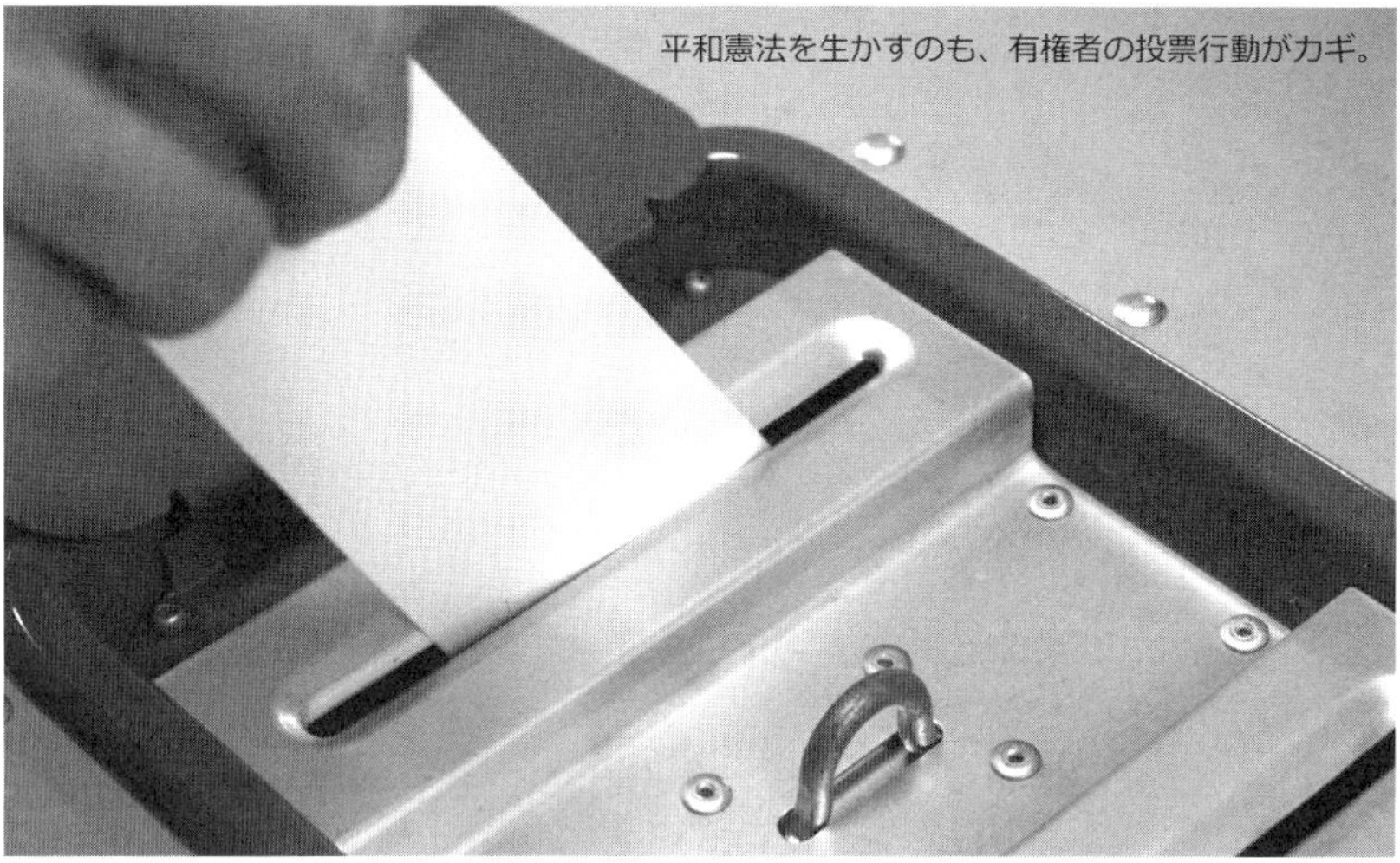
平和憲法を生かすのも、有権者の投票行動がカギ。

してしまうということが最低投票率の問題点です。

（四）それから、複数の改正条項がどのような形式で発議されるのか実際にはよくわかりません。一括して発議するという話もあったり、九条改正と緊急事態法は似ているからセットで、または全項目別々だという風に、これわかりません。項目別であれば九条改正案は否決されたけれども、教育無償化は成立するといったことがあってもおかしくないということになります。

（五）そして、広告・宣伝の問題ですが、公職選挙法は様々な制限があります。テレビやSNSの広告は制限されております。それからみなさん方がビラをまいたり、チラシをまいたりする、これもいちいち制限があって、ダメダメ法になっております。一方国民投票の際はビラやチラシの制限は一切ありません。それから国民投票法のテレビ放送は、国民投票日の一五日前までバンバンCMを流すことができます。自由ですから。お金の制限もございません。だから、これについては問題になってきているわけです。大阪の人に聞くと、大阪住民投票運動の際、維新が、政治資金の大半をテレビ資金に使った、橋下さんの顔が毎日流れているテレビ放送をやりましたと言っています。それに対してこちら側は、まるでB29に対する竹槍戦術でしたとぼやいていました。その問題については、参考文献を三つ挙げました。全部簡単な新書版です。『メディアに操作される憲法改正と国民投票』と『広告が憲法を殺す日』と『デジタルポピュリズム』です。特にアナログ世代のみなさんは最後の三番目の本を読んでいただくと、自分たちと別のデジタル世界があることがお分かりいただけると思います。

そして、国民投票の司令塔というべき国民投票広報協議会[1]がいろんな形で広報を仕切っていくことになります。これは国会議員で構成するということになっておりますが、賛成派・反対派平等ではなくて、与党の人数が多数になります。そして、選挙事務は選挙管理委員会が行います。

(六)二〇一九年は非常に政治的にタイトな年です。四月の統一自治体選挙、五月の新天皇即位、七月の参議院選挙、九月・一〇月のラグビーワールドカップ、一〇月の消費税の値上げ、一〇月・一一月の新天皇即位行事、が続きます。そして二〇二〇年がオリンピックです。国民投票を行うにはタイトな日程です。しかし、選挙と国民投票を同時に行う事は法律上可能です(憲法九六条一項と国民投票法一〇八条)。

三、国民投票運動で何ができるか

今、法律の概要を説明しました。こんどは具体的に何ができるかという実践論の話をしていきましょう。

（一）国民投票法が禁止するのはおおむね以下の点です。

投票事務関係者の運動禁止。これは当たり前ですよね。レフェリーが選手になってはいけないというだけの話です。それから、公務員及び教育者の地位利用による国民投票運動の禁止も規定されています。地位利用ということですから、要するに副市長が地位を利用して業界団体に働きかけるとか、学校の先生が生徒に投票を依頼するとか、そういうのは禁止されています。地位利用を行わない公務員の選挙運動については一定自由になりました。

（二）それから、組織的多数人買収、及び利害誘導も禁止されます。選挙のときは選対幹部がわずかな買収をしても、買収した本人が逮捕されるだけでなくて、候補者が連座制で当選無効になる悲劇があります。公職選挙法は絶対買収はだめ。これ当たり前です。

それでは、国民投票法はどうでしょうか。実は少数の買収は違法ではありません。組織的多数人買

(1) **国民投票広報協議会**――憲法改正が発議されると、改憲案の内容を広報するために国会に設置される。国民投票公報の原稿の作成や、改憲案の要旨の作成、国民投票運動のための広告放送・新聞広告に関する事務などをおこなう（朝日新聞デジタルより）。

収だけが違法なんです。例えば、労働組合が組合ぐるみで反対運動して参加者に日当を支払ったとか、業界団体が賛成運動して参加者にご馳走したというケースを指すのだろうと思います。でも多数人は何人かというのはよくわからないです。まあ。一〇人二〇人ではないということはわかるのですが、何百人なのか何千人なのか、何万人なのか、ちょっとわかりません。労働組合が組合決議に基づいて国民投票運動をやるときは、やっぱり気を付けて多数人買収にならないようにボランティアでやってもらう、日当などは出さないということが大事かと思います。ただし、違反になっても連座はありません。なぜか。国民投票は候補者がいないからです。だから、多数人買収しても今の国民投票法の下では憲法改正は成立してしまいます。多数人買収は一〇九条に書いてあります。とっても難しい条文ですので後で読んでいただければと思います。

要は、選挙関係者の国民投票運動、公務員や教育者の地位利用国民投票運動と、それから多数人買収、この三つだけが刑罰をもって禁止されます。それに対して他のものはすべて自由になります。

(三) 何時でもステッカーを貼って憲法改正反対とやって構いません。それから文書の配布もどうぞやってください。ポスターや看板を作成する事も自由です。何枚つくっても構いません。どんな文章でも構いません。どこで配っても構いません。

それから、選挙中は、選挙の関係者以外はメールを使って選挙運動してはいけないという奇妙な制限がありますが、国民投票運動はメールの制限も一切ありません。ＳＮＳでもメールでも国民投票運動に自由に使えます。いつでもやっていいです。もうすべて自由です。

投票運動事務所の設置も自由です。自宅を事務所にしてください。全く制限がありません。会社や労働組合事務所も投票運動事務所にすることもできます。それから、何ヶ所事務所を持ってもかまいません。大阪市住民投票のときは、自民党は国民投票の予行演習として、自民党議員の事務所を住民投票反対運動の拠点事務所にしました。事務所設置についての届けの必要も全くありません。

投票運動カーは全く制限がありません。何台持ってもどんなスピーカー乗っけてもかまいません。騒音規制法に引っかからなければOKです。そこに顔写真貼ろうと、スローガンを貼ろうと自由になります。

それから街頭演説会、これも全く自由であります。選挙のような午後八時から翌朝八時までの制限はありません。つまり、八時以降街頭で声を出していいということです。

戸別訪問も自由です。だから参議院選挙になったら○○さんは先頭に立って頑張っていますという、ビラを各候補者が堂々と有権者の自宅においてくるでしょうね。候補者の選挙運動としか思えないけれど。○○さんは国民投票にも頑張っていますと書いてあったらどうでしょうか。それから連呼ももちろんできます。何の制限もないです。

(四) このような法制度ですから、国民投票と参議院選挙が一緒になったら、国民投票運動なのか選挙運動なのかわからないケースが続出するでしょうね。参議院議員○○は先頭に立って憲法改正反対に頑張っています、という顔写真入りのポスターやビラが町中に貼られ、街頭演説が始まったら、これは選挙の事前運動なのか、国民投票運動でセーフなのかよくわからんという事態がどんどん出てきます。衆議院選挙と一緒の時も同じです。

大阪市住民投票のときは共産党宣伝カーに、自民党と民主党と共産党の国会議員が三人並んで演説したという構図になりました。今回もそれは自由になります。

(五) 投票運動費用の上限の制限もありません。自民党がたくさんため込んだ政治資金を無制限に使う、あるいは財界が政治資金を寄附するということもできます。

ただそこまでやると、行きすぎであり、何らかの法規制や自主規制すべきだという議論が出てくるかもしれません。現に一部からは議論が出始めています。

お金のない私たちの側からすると、「金で票を買うのか!」というようなスローガンをつくることによって、公正で清貧なイメージを浸透させる宣伝はなかなか効果的かもしれません。

(六) 大事な点ですがテレビラジオ新聞CMは自由であり、投票日の一五日前までは一切の制限がありません。何でもできます。だから、先ほど言った本のなかにありますが、電通と自民票が癒着して、電通がたくさん持っているテレビの宣伝枠を、国民投票賛成運動のために提供するということを非常に警戒しております。規制が必要ではないかという議論が当然出てくるし、テレビや新聞などで自主規制しようという動きも出るでしょう。つまり金に目がくらんではいけないということになります。

(七) 以上のように規制だらけの公選法とほとんど制限の無い国民投票法のギャップにみなさんは戸惑うと思います。今までだと規制をかいくぐって、うまくやるというのが名人のはずだったんですが、規制をかいくぐる必要がないからです。規制がないから多彩な運動をしなければならないということになります。

四、新しい大衆時代を理解して広報宣伝活動を工夫しましょう（五百蔵試案）

（一）私は長年公職選挙法に携わって、選挙に係わっております。その中で、日本の有権者が急激に変わっている、ということを申し上げておきたいと思います。今日一緒にお配りした『トランプ時代の候補者の情報発信』を読んでいただきたいと思います。私の私案ですが、広報宣伝するかというスケールの大きい議論は、私がここで偉そうに述べる力はありませんし、ここではみなさんが色々な運動をやってきたなかで、自分が責任者として社民党のビラをつくるとか、労働組合のビラをつくるときに、ちょっと考えていただきたいと思うことを述べます。時代というものがあるんです。遠い昔、重要な表現の手段は新聞と雑誌でした。それこそ、『世界』だとか『文藝春秋』だとか、いろんな歴史のある雑誌があります。それが昭和三〇年代、テレビが出てくることによって、テレビと新聞の時代に変化をしました。

しかし現在、新聞は四〇代の人でも四〇％乃至六〇％が購読していないと言われています。非常に新聞離れが進んでいます。ネットで見れば良いということです。

テレビも一見まだ優等生のように見えますけれども、若者のテレビ離れが進み、他方大人の側からは見る番組がないとか、ＢＳしか見る番組がないといわれる時代になっています。

そして、二一世紀に入って、メールが進歩し、更にTwitterだとか、facebookだとかLINEだとか、カカオトークとかYouTubeとかいろいろなＳＮＳが発達してきました。

（二）そして重要な点です。新聞やテレビは、情報の発信者はマスコミです。新聞、テレビで情報を発信できるのは、新聞の編集者やテレビのコメンテーターだけなんです。情報は上から下に流れます。

しかしＳＮＳは誰もが情報を発信できます。要するに普通の兄ちゃん、姉ちゃん、おじいちゃん、おばあちゃんが情報を発信できます。誰もが情報を発信できる時代です。有権者は、今までは情報の受け手に留まりました。誰か偉い人がいろんな話をしたり文章を書いて有権者に発信して、有権者はそれを受け取るだけでした。

今はそうではありません。有権者は情報の受け手であると同時に、自分が情報の発信者になる時代です。これはものすごい大きな変化です。非常に重要な変化と思います。だから逆に言えば、偉い人の言うことを素直に聞いてくれない時代ということになります。私たちは有権者に対して一方的に意見を言うだけでは上から目線と批判されます。私たちの意見に対する有権者の反応に気を配り、更に有権者と対話して情報の交流・共有をしていかなければいけないと思います。

それから、みなさんは私と同じで憲法オタクなんです。憲法大好き人間で憲法をよく知っています。でも、普通の人は良く知りません。憲法九条を正確に言える人は国民の何パーセントしかいないと思います。ＡＫＢ総選挙、すごい総選挙でした。総投票数が三八三万人います。一位は一九万票です。

立派な候補者です。さてみなさん、ＡＫＢ総選挙の上位選抜メンバーの名前を知っていますか。ＡＫＢを退団した前田敦子と大島優子は知っていたとして、今年二〇一八年の一位の松井珠理奈って知っていますか。今ほんの少数手が挙がりましたが、普通の人が国民投票とか選挙について詳しく知っているのはそのくらい少数なんです。多数の国会議員がいる自民党で誰を思い浮かべますか。たぶんみなさんがスラスラ名前をいえるのは一〇人くらいしかいないと思います。それでは、野党の議員名はどうでしょうか、これはすごく重要な点だと思います。普通の人は国民投票・選挙を良く知りません。それをぜひ理解していただきたい。

大衆時代に入って、選挙で急激に変わったのは、短いキャッチフレーズの効果ではないでしょうか。アメリカファースト、都民ファースト、アベノミクス、これは成功例です。詰めて考えると極めて曖昧だが、イメージは非常に大きく膨む言葉です。一方、「排除」、あれも非常に短い言葉でした。短い悪いイメージが一気に膨らみました。

（三）私たちは有権者に対して、難しい理屈を言わず、分かりやすく説明しなければいけないと思います。

また有権者は上は八〇歳、九〇歳から下は一八歳の若者まで、非常に幅広い年齢がいます。戦争を自ら体験した人、戦後すぐ生まれて、戦争の傷跡が残り平和の大事さを経験した世代と終戦から七三年経った今、二〇歳の若者では戦争と平和に対する意識が異なって当然だと思います。訴える内容は世代ごとに工夫すべきだと思います。

また文書中心の高齢者と、ＳＮＳ中心の若者では、情報伝達の手段を変える必要があります。私たちは様々な工夫が必要だと思います。

そして高齢者に対しても若者に対しても、短くインパクトある言葉で説明する事が大事です。

残念ながらこの点では、安倍首相は私たちより進んでいます。安倍首相の「Twitter」フォロワー数は一〇〇万人を超え、ＡＫＢ48卒業生の渡辺麻友と肩を並べています（日経新聞二〇一八年九月六日記事）。国民投票になったら大きな効力を果たすでしょう。物事を単純化して危機をあおることが予想されます。アメリカでもトランプ大統領の「Twitter」は政治的に大きな影響を及ぼしています。

（四）私の試案に対して、物事はそれほど単純ではないし、単純化してはいけないという意見があります。もっともな意見であると思いますし、じっくり働きかける手段があって当然です。しかしそれだけでは不十分なことは、これまでの選挙結果が証明していると思います。

ぜひ、多様な広報・宣伝を工夫しましょう。

いおろい　よういち――弁護士
一九四九年、東京都生まれ。中央大学法学部卒。七五年弁護士登録。人権問題や労働問題、司法制度改革に積極的に取り組み、公選法、企業・労組のコンプライアンスなども手がける。非国会議員ながら、山花貞夫を首班とする社会党シャドーキャビネット（一九九三年）法相を務めた。社会文化法律センター事務局長などを歴任。「協調的安全保障論」などの政策提言でも知られる。

憲法審査会の現場から ❶

衆議院憲法審査会委員
（社民党憲法改悪阻止闘争本部事務局長）
照屋寛徳

「改憲」「護憲」「加憲」「創憲」「論憲」など、憲法に向き合う政党、労組、市民運動団体などの政策スローガンは、様々に表現される。

最近は、私が理解不能な「立憲的改憲論」を唱える政治家も出現する。社民党は、社会党時代から一貫して「護憲」の立場だ。

「改憲」と「壊憲」、単なる語呂合わせ、言葉合わせのつもりはない。自民党が結党理念とする憲法改正（実は改悪）は「改憲」を超えて、平和憲法の三大原理や理念を根本から破壊するものだ、との批判の意を込めて、あえて「壊憲」の表現を選んだ。

さて、安倍一強体制と呼ばれて久しい。今や安倍一強体制の下で、憲法上の三権分立は「三権一体」と化し、実質的な「安倍行政独裁政権」となっている。

一昨年の五月三日、安倍総理は「二〇二〇年の憲法改正を目指す」と表明した。その後の所信表明演説や自民党大会における安倍総理の「改憲」への決意表明は、時々の政治情勢や統一地方選、参院選を目前にしてトーンの変化はあるが、「二〇二〇年憲法改正実現」の政治的野望は捨てていない、とみるべきだ。

いや、自民党・公明党、日本維新の会や野党内改憲勢力は、衆参の憲法審査会における国民投票法一部改正案の審議を誘い水に、自民党改憲重点四項目の「たたき台案」を中心に議論を進め、憲法改正発議に持ち込もうと躍起になっている、と考えるべきだろう。

安倍政権は、憲法が保障する国民の平和的生存権を無視し、米トランプ大統領の言うがままに「何の役にも立たない」（某防衛省幹部）兵器を爆買いし、「戦争国家」への道を暴走している。同時に、欺瞞的レトリックを駆使して、安倍「壊憲」へと猪突猛進（盲信か）する。断じて許してはならない。辺野古新基地建設の強行にみる安倍政権の沖縄に向き合う姿勢は、憲法の平和主義、国民主権、地方分権を破壊するものだ。今こそ、「憲法番外地」でたたかうウチナーとウチナーンチュに自立した連帯を寄せ、共にたたかう時だ。

衆議院憲法審査会は、「波静か」だが、与党と一部野党の改憲勢力は、改憲発議のチャンスを虎視眈々と狙っている。

時は今、立憲野党と市民の協働のたたかいで安倍「壊憲」に抗い、平和・基本的人権・国民主権と立憲主義を守る一大国民運動を展開しよう。護憲政党たる社民党は、その先頭でたたかわねばならない。

憲法審査会の現場から ❷

参議院憲法審査会委員
（社会民主党副党首）
福島みずほ

憲法は、とりわけ憲法九条は、今、最大の危機を迎えています。

私が見るところ安倍総理がやりたいことはただ一つ、憲法九条を変えることだからです。安倍総理の、戦後レジームからの脱却とは、日本国憲法からの脱却であり、憲法九条からの脱却です。安倍総理に二〇一七年一一月参議院の予算委員会で質問をしました。「憲法九条に明記する自衛隊の自衛権には、集団的自衛権の行使が入りますね」と聞くと、安倍総理の答弁は、はいそうですと言う中身でした。「憲法九条一項二項の解釈を変えて、集団的自衛権の行使ができるようにしました。そのままです」と言う答弁でした。つまり、憲法九条に明記される自衛隊は、国土防衛のための自衛隊でも、災害救助のための自衛隊でもありません。まさに他国で、世界中で戦争する自衛隊の明記です。安倍内閣のもとで、二〇一五年、安保関連法・戦争法ができたこと、つまり憲法九条に違反する法律ができたことが極

めて重要です。安倍内閣が憲法規範を破壊してしまったのです。憲法の規範力と言うことで言えば、自民党の日本国憲法九条改悪案は、単に自衛隊を明記すると言うのではなく、何が憲法違反か全くわからない条文になっています。つまり、我が国の平和と独立を守るためであるということになれば何でもできる、自衛隊の行為の何が憲法違反か、憲法で制限できないと言う憲法案になっています。自衛隊の明記だけではなく、自衛隊の行為の何が違憲かわからない極めて問題のあるものです。その意味でも憲法の規範力、権力を縛ると言うことを破壊しています。

参議院の憲法調査会で憲法改悪案、とりわけ憲法九条改悪案が可決、承認され、本会議に上程されないようにがんばりたいです。ぜひ応援をしてください。憲法の規範力を破壊してきた安倍内閣のもとで、憲法審査会を動かしてはなりません。安倍総理は、憲法審査会でごくわずかの時間しか議論をしなくても、極端に言えば、自民党の議員が説明をしただけでも議論をしたとして、本会議上程にし、憲法改悪の発議をしようとするでしょう。

夏の参議院選挙で、野党が過半数を占め、安倍内閣を退陣させせなければなりません。そうでなければ憲法の最大の危機はなくならないのです。せめて野党が三分の一以上を占めれば、参議院で憲法改悪の発議をすることはできなくなります。参議院の憲法審査会でがんばります。どうか力を貸してください。一緒にやりましょう！

II

市民運動の力で安倍改憲阻止を

高田健
戦争させない・9条壊すな！
総がかり行動実行委員会共同代表

安倍改憲の動向と私たちのたたかい方

寄稿（二〇一八年一月一〇日）

自民党は第一九八回通常国会において、憲法審査会で自民党案の「提示」をめざし、強行的にも憲法審査会を開催したいと考えています。安倍改憲発議を阻止するためには、国会外の市民運動と、国会内の立憲野党とが結束し連携することしかありません。

安倍改憲の危険性

改憲を最大の政治目標とする安倍晋三政権のもとで、二〇一九年、日本国憲法は施行以来、最大の危機を迎えた。二〇〇七年の第一次安倍内閣下での明文改憲に失敗した首相は、二〇一二年に復活して自公連立による第二次安倍内閣を組織し、自民党内でも急速に安倍一強体制と呼ばれる強権体制を形成して、改憲の事業にチャレンジしてきた。

二〇一七年五月三日、安倍首相は突然、従来の自民党憲法改正草案を棚あげにして、二〇二〇年までの新憲法施行を目指して新しい改憲案を提示した。憲法九条改憲を許さない根強い世論の前に、窮余の策としての九条「加憲」論だった。現行憲法九条の文言をそのまま残して、これに自衛隊の根拠規定を付加するというもので、従来の自民党の改憲案からすれば考えられないほどに「軟弱」な九条改憲論だった。安倍首相はとりあえずこの九条加憲論で改憲に立ちふさがる世論の壁を突破し、以降、順次、段階を追って従来の自民党憲法改正草案が描く社会に、この国を変質させようとするものだ。「日本会議」をはじめとする極右勢力や財界など安倍首相の基盤勢力は、この安倍政権に改憲の可能性を託して、一様に安倍首相の新しい改憲論を支えた。

のちにこれにさらに与党・公明党や日本維新の会の主張を反映させた三項目（参議院の合区問題、緊急事態条項、教育の充実）が付け加えられ、現在の自民党の改憲イメージ案（たたき台）になった。九条改憲問題を除いて、付け加えられた三項目はいずれも憲法改正が必要なマターではなく、法律上の改定で対応できる問題だ。大災害などに際して国会議員の選挙の適正な実施が困難な場合を想定し、改憲するという緊急事態条項だけは、当初の案にはなかった政令による「緊急事態に於ける私権の制限」が自民党内の議論の過程で党内右派の主張で加えられたが、これは憲法の原則にかかわる問題だ。これを改憲条項に入れるとすれば、ナチス・ドイツの授権法[1]にも匹敵する極めて危険な条項の導入だが、与党・公明党がこれには批判的であり、運動と世論の高まりによっては、国会での議論を経て改憲派の最終的な原案には含まれない可能性もある。

安倍九条改憲は絶対に許してはならない。それは日本国憲法の理念の根本的転換だ。自民党や安倍首相は「自衛隊の存在を書き込むだけであり、現状を一ミリたりとも変更するものではない」とか、「（九条に自衛隊を書き込んでも）自衛隊の任務と権限に変更はない」などと弁明するが、これは極めて欺

（1）**授権法**――非常事態発生時に議会などの承認なしに政府が立法権を行使できる権限を与える法律。全権委任法とも言われる。ナチスの独裁に合法性を与えることになった。

瞞的な説明だ。二〇一五年九月の戦争法制（安保法制）によって、集団的自衛権の行使が可能になった自衛隊という実力装置・機関が憲法に書き込まれることは、現行憲法の「国際紛争を武力によって解決しない」という立場から、「国際紛争を武力で解決する」という立場への一八〇度の転換だ。歴代自民党政権によって、従来は憲法適合性の解釈操作（専守防衛論）によって合憲とされてきた自衛隊が、憲法に明記されることで合憲的解釈操作が必要なくなり、憲法による歯止めがなくなる。「専守防衛」の自衛隊が米軍とともに海外で戦うための軍隊に変質することになる。

改憲派の焦燥

安倍首相らは当初は二〇一七年中の改憲発議をめざしたが、世論の厳しい批判のなかで自民党内も与党内もまとまらず、ずるずると改憲論議ができないままに二〇一八年の通常国会が終わった。

安倍首相は業を煮やして、二〇一八年八月、下関市での講演で「憲法改正案を次の国会（臨時国会）に提出すべき」だと宣言した。そして九月の第四次安倍内閣の発足に伴う自民党役員人事では、改憲に携わる自民党の現場の執行部を一新した。安倍首相らから見て、「対野党協調派」の船田元・自民党憲法改正推進本部長代行や、中谷元・衆院憲法審査会筆頭幹事らを憲法問題に携わる現場から追い払い、自民党の決定機関である総務会の会長に腹心の加藤勝宣を据え、党憲法改正推進本部長に側近の下村博文、衆院憲法審査会の筆頭幹事に同じく側近の新藤義孝を予定するなど、国会での憲法論議の強行突破ができるよう万全の「改憲シフト」を敷いた。

先の二〇一七年五月三日の安倍発言もそうだが、彼の九九条違反も意に介さない憲法違反の発言は目に余る。戦後歴代自民党の首相でも、彼のように憲法違反を発信し続けた人物は類例を見ない。二〇一八年一〇月一四日の自衛隊観閲式では、多数の自衛隊の将官を前に改憲に触れ「すべての自衛隊員が強い誇りをもって任務が全うできるように環境を整える」と演説した。

一〇月二四日、臨時国会冒頭の所信表明演説では憲法九九条も、「三権分立」も意に介さない体で「憲法審査会で、政党が具体的な改憲案を示すことで、……国会議員の責任を果たそう」などと呼びかけた。まさに憲法違反の演説だ。この国会で安倍首相が在任中四度目の「立法府の長」発言をしたことなどは、自らを独裁者と勘違いしたような容認しがたい発言だ。

しかし、改憲の機運の促進に意気込んで臨んだにもかかわらず、臨時国会の憲法審査会では衆議院でも、参議院でも自民党改憲案の「提示」すらできなかった。改憲シフトで功を焦った側近たちは、いたずらに野党を攻撃し、「憲法審査会に出てこないのは職場放棄だ」（下村博文本部長）などと挑発した。折から、臨時国会は入管法改定問題、水道法問題などで、「弁当箱」とよばれたような法案の体をなしていない不真面目な与党の審議強行が指摘され、与野党が激突していた。加えてこれらの暴言によって憲法審査会の議論の環境が壊された。安倍首相の側近らによる前のめりで強引な憲法審査会の運営によって、一一月二九日、野党が欠席したままで森英介会長の職権による憲法審査会が開かれたが、その後遺症で最後の定例日にあたる一二月六日の憲法審査会は与野党決裂状態でお流れに

2018年11月26日　参議院予算委員会

なった。これらは二〇〇〇年一月の憲法調査会始まって以来の異常事態だった。

憲法調査会から憲法審査会に至る約一八年の運営には、初代会長の中山太郎氏（元外相）らによって繰り返し確認されてきた原則がある。それは「（憲法に関する議論は）与党や野党第一党だけでなく、少数会派も含めて幹事会等で協議、決定するとともに、少数会派や委員にも平等に時間を配分して議論を尽くす」「国家の最高法規である憲法に関する論議においては、政局にとらわれることなく、憲法論議は国民代表である国会議員が主体性を持って行うべきとの共通認識に基づき、熟議による合意形成がなされ」なくてはならないなどというものだ。

実際にはすべてがこれほど美しい民主的な運営であったかどうかには、これを一貫して傍聴・監視してきた筆者から見て疑問符もつくが、少なくとも今回のような会長職権で審査会を召集、野党欠席のもとで強行するというようなことはなかった。

商業新聞各紙は一様に「首相『改憲シフト』裏目」（朝日）、「首相側近起用が裏目」（読売）、などと報じた。安倍改憲路線の重大な躓きだった。自民党の憲法改正推進本部の役員を外された船田元が、一二月六日、自民党竹下派の会合で、憲法審査会の与党筆頭幹事に就いた新藤義孝に「ぼくたちの苦労を理解されたでしょう」と声をかけた。新藤は「そうですね」と短く応じたという。この度の安倍側近人事で排除された船田は胸のすくおもいだったのではないか。

改憲をあきらめない安倍首相

しかし、この憲法審査会の与野党決裂の事態にあせった安倍側近の萩生田光一幹事長代行らによって、一幕の芝居のシナリオが描かれ、臨時国会最終盤の衆院憲法審査会で、意外な一波乱が起きた。これは強権安倍官邸の改憲への執念の一端を見せつけたものだった。官邸が自民党に野党との手打ちを指示した。

通常国会から継続審議になっている改憲手続法（国民投票法）の一部修正案に関連して、従来から立憲民主党や国民民主党など野党は、与党がいう改正公選法と合わせて投票の利便性を図るという微修正にとどまらず、同法のより大きな問題点である有料TV・CMなどについても再検討すべきだと主張してきた。そのためにまず日本民間放送連盟が、二〇〇七年の同法採決時の参院付帯決議に明記されたように、TV・CM放送で自主規制する気があるかどうかなどのヒアリングが必要だとの意見だった。

六日の与野党決裂の事態の後、自民党はこれを取り上げて、一〇日に憲法審査会の幹事懇談会に民放連を呼ぶことと合わせて、会長の「お詫び」と「閉会中審査」などの実務手続きの処理をする憲法審査会を開くことを提案し、野党筆頭幹事の立憲民主党・山花郁夫幹事も同意した。

この定例日でもない、国会最終日に開かれた異例の憲法審査会は、森英介会長の「お詫び」の表明を含めて数分ばかりの会議が行われた。会長は「結果として円滑なる運営ができなかったことは、真に残念であり、遺憾に存じます」と他人事のような「所感」を淡々と読み上げた。この日、自民党改憲案の「提示」という強襲作戦も考えられたのだが、自民党がそこまで踏み込まなかったのは、土壇場に来て安倍首相が側近議員に、「無理はしなくていい」と伝えた結果だといわれる。

安倍首相が狙う改憲の舞台は新年の通常国会に移った。安倍首相は臨時国会閉会後の記者会見で、「二〇二〇年は新しい憲法が施行される年にしたいと申し上げましたが、今もその気持ちには変わりはありません」と改憲への決意を確認した。

そして二〇一九年一月四日の年頭記者会見では、「憲法についてでありますが、憲法は、国の未来、そして国の理想を語るものでもあります。……この国の未来像について議論を深めるべきときに来ていると思います。憲法改正について、最終的に決めるのは、主権者たる国民のみな様であります。だからこそ、まずは具体的な改正案を示して、国会で活発な議論を通じ、国民的な議論や理解を深める努力を重ねていくことによって、また、重ねていくことが選挙で負託を受けた私たち国会議員の責務であろうと考えています」として、改憲論議の活発化を促した。

改憲発議阻止、参院選勝利へ

自民党は通常国会の憲法審査会で、自民党改憲案の「提示」をめざしている。

一二月一一日の記者会見で、自民党の吉田博美参議院幹事長や萩生田光一幹事長代行らは、「通常国会一五〇日間の定例日を有効に使い、四項目を提示したい。各党が考え方を示し、充実した議論になるようお願いしたい」などと語った。

しかし通常国会で憲法審査会が開かれたとしても、冒頭から自民党改憲案の提示と改憲論議に入ることはできない。憲法審査会では改憲手続法の修正論議が、一九六通常国会から継続審議になっている。この議論は、与党がいう改正公選法にならった投票の利便性を図る類の微修正では終わらない。改憲手続法は二〇〇七年の参議院付帯決議や、二〇一四年六月の日本弁護士連合会会長声明「改めて憲法改正手続法の見直しを求める」を見るまでもなく、問題が多々ある欠陥立法であり、抜本的再検討が必要だ。

まず臨時国会最終日に憲法審の幹事懇が民放連からヒアリングした国民投票に関するＴＶ・ＣＭの

規制の問題がある。現行の法制では資金の大小などでＴＶ・ＣＭの利用に決定的な格差が生じ、投票結果に重大な影響を及ぼすことは明らかだ。この野放図な有料ＴＶ・ＣＭ放送に、民放連が自主規制で真剣に解決に取り組まないなら、法律自体の改正で規制しなくてはならない。同法の問題はこれにとどまらない。国民投票の成立にかかわる最低投票率規定がないこと、教育者・公務員などに不当な規制が強いこと、買収などカネで投票が買えるおそれがあること、国民投票運動期間が極めて短いことなど重大な問題が多々ある。

これらを飛ばして自民党改憲案の「提示」に進もうとすれば野党側の激しい抵抗を招かざるをえない。自民党改憲案の審議どころか、「提示」までも相当に時間を費やさざるを得ない。

一九八通常国会は改憲論議の促進を狙う安倍政権にとって、極めてタイトな日程になる。冒頭からの予算審議、二月の自民党大会、二月二四日の天皇在位三〇周年祝賀行事、四月七日、二一日の統一地方選挙と沖縄・大阪などでの国政選挙の補選、四月末日からの天皇代替わり行事と大型連休、六月二八日からのＧ20会議と日露首脳会談などなどの日程を見れば、憲法審査会がその運営の建前通り「政局に左右されることなく静かな環境の下で、円満な運営に努めて」いくことは不可能だ。予算案を含めて国会は重要な議題を抱え、国論を二分する与野党激突の事態が生じることは容易に予想される。

確かに改憲派は両院で三分の二の議席を持っているので、通常国会中の改憲発議の強行は不可能ではない。しかし一九八通常国会の一国会期間だけで、審議もまともにしないまま発議を強行するなら国会は大混乱になる。世論も急速に批判が高まる。改憲派は、こうまでして発議のあとに不可欠な国民投票に勝てるだろうか。改憲派は国民投票で勝てるという成算なしに強行発議はできない。通常国会中の国会内外での改憲発議反対の運動の盛り上がりいかんで、安倍自民党の改憲発議の企てを阻止する可能性は十分ある。

改憲派にとっての千載一遇のチャンスである現在の衆参両院での三分の二議席という機会を失って、参議院選挙までに改憲発議ができなければ、改憲の機を逸する可能性がある。もしこんどの参院選で改憲派が現有の三分の二議席を失ったら、改憲発議そのものが不可能になる。二〇二〇年改正憲法施行のためには、一九年の参院選までに発議するか、次回の参院選挙で三分の二以上の議席を獲得するしかない。改憲派にとって、この参議院選挙は事実上のラストチャンスだ。

参院の定数は二四五名で、改憲派が三分の二の議席を確保するためには野党の議席を非改選の議席と合わせて八二議席以下に抑えなくてはならない。二〇一三年参院選、与党はこの選挙の一人区で二九勝二敗と圧勝した。候補を一本化した野党は二〇一六年改選時に一人区で一一勝二一敗で、計四一議席を獲得している。二〇一九年に野党は二〇一六年並みの四一議席以上獲得すれば、三分の一議席を超えることになる。

改憲派の三分の二議席は与党にとっては極めて高いハードルだ。私たちは立憲野党各党との間で主要な政策の合意を柱にして、市民連合とともに野党が共同して参院選をたたかうことで、とりわけ一人区での候補の一本化を必ず実現し、自公改憲勢力を追い詰めるたたかいを展開しなければならない。

安倍政権はなりふり構わない攻撃をしかけてくるにちがいない。とりわけ警戒を要するのは、野党の分断策だ。自公与党にとって、野党共同＋市民連合の共同が最大の敵になるのだから、この野党共同を分断する策動に出てくることは容易に予想される。その場合、ターゲットになるのは前回の総選挙で小池百合子都知事と希望の党をつくった人々が大半を占める国民民主党だ。国民民主党は一一月六日、玉木雄一郎と平野幹事長が市民連合と会談し、安倍首相らによる改憲に反対し、立憲主義を擁護し、参院選での野党の共同を進めることなどで合意し、その後、野党六党会派の幹事長、国対委員長と市民連合の懇談会に参加し、共同の確認をするなど、積極的に野党と市民の共同の場に参加してきた。これは重要な前進で、成果だ。

しかし自民党の指導部は憲法審査会での国民民主党の憲法改正手続法案の丸のみによる野党の分断を謀ることや、さらには国民民主党の持論である「平和的改憲論」との妥協を考えている節がある。「平和的改憲論」の主張は「『自衛権の範囲を明確にすべき』で、自民党の改憲案は『何も変わらない』どころか、フルスペックの集団的自衛権の行使を認めている。この違いを憲法審査会で堂々と議論したい」という立場だ。これも自民党が丸のみする可能性がある。自民党内の議論の過程で改憲案から削除された「必要最小限の自衛力」を復活させることは可能だ。安倍首相自身が、一一月二日の衆院予算委員会で「自衛隊の存在を明記する憲法改正について、自民党の条文イメージ（たたき台）と自身の考え方は、一致しないとの認識を示した」ことがある。これは「安保法制」における集団的自衛権の行使の範囲（必要最小限の自衛力）と、フルスペックの集団的自衛権行使との違いに着目した議論だ。

この平和的改憲論と瓜二つの見解が立憲民主党の中の山尾志桜里議員の「立憲的改憲」論だ。自民党の危険な改憲の企てを打ち破るため、玉木代表や山尾議員らは、安倍首相ら改憲派の野党分断に乗せられず、広範な市民とともに安倍改憲に反対する運動の側に立たなくてはならない。

天皇の代替わりのための「国家的行事」は、安倍政権の政治的浮揚に最大限利用されるだろう。年頭の日露首脳会談を足場に、六月のＧ20の機会に取りまとめを企てている日露領土交渉もフルに利用するだろう。仮に領土問題で安倍政権が、ロシア・プーチン政権と一定の妥協を成立させれば、その内容はどうあれ、これを安倍政権の大きな成果として宣伝するだろう。領土ナショナリズムをくすぐられる有権者の投票動向は予断を許さない。

この領土交渉でナショナリズムをあおったうえで、衆参ダブル選挙という窮余の策もうわさされる。次回の参議院選挙で三分の二を失いそうになったら、安倍政権が破れかぶれの衆参ダブル選挙を仕掛けてくることはありうる。参院選を巡る形勢が三分の二を失う状況になってくれば来るほど、安倍政権側は衆参ダブル選挙に期待し、これを仕掛ければ、与党が有利に選挙戦をたたかうことができる可能性があると考えるだろう。「力の分散」を恐れる公明党の抵抗は予想されるが、従来から見て「解散は首相の専権事項」などということに終わりかねない。

進む軍事大国化

見逃してはならないことがある。安倍政権は九条を中心とする明文改憲を進める一方で、並行して

民間地に居座る沖縄県宜野湾市にある米軍基地・普天間飛行場（豊里友行撮影）

この国を海外で戦争のできる国に仕立て上げる策動を強めている。年末に政府が閣議決定し、発表した「新たな防衛力整備の指針『新防衛大綱』」と、今後五年間の装備品の見積もりを定めた中期防衛力整備計画（中期防）は、先年の戦争法に沿って「専守防衛」のしばりを突破し、海外での戦争遂行能力をもつ自衛隊への具体化、日本の軍事大国化のための「大綱」となった。

予算総額は過去最大の規模で、向こう五年間で二七兆円規模に跳ね上がり、トランプ米大統領の対日貿易赤字削減の要求を受け入れ、防衛装備品を大量に買い入れた形だ。

大綱では、「日米同盟の抑止力・対処力の強化、幅広い分野における協力の強化・拡大の必要性」が強調され、宇宙やサイバー分野への対応などと合わせて、専守防衛の下ではありえない攻撃型空母の保有や、敵基地攻撃能力を持つ長距離巡航ミサイルの保有、米国に向かう弾道ミサイルの撃墜可能な地上配備型迎撃システム「イージスアショア」配備などが確認され、従来、憲法九条の下ではありえないとされた戦略攻撃兵器の保有が明記された。これを象徴するものが、海上自衛隊のヘリコプター搭載型護衛艦「いずも」「かが」などの改修による攻撃型空母の保有だ。「いずも」は短距離離陸と垂直着陸が可能なステルス型戦闘機（ＳＴＯＶＬ）Ｆ35Ｂを搭載可能な改修を実施する。これによって海上自衛隊は初めて、海外で戦える本格的な攻撃型航空母艦を保有することになる。この空母は米軍機が給油したうえで、戦地に向かうことも可能だ。Ｆ35Ｂは一基一〇〇億円、一〇〇機の導入が見込まれているから一兆円になる。

中期防にはイージスアショアなどと合わせて、敵基地攻撃能力を持つ長距離巡航ミサイル「ＪＳＭ」や「ＪＳＳＭ」の導入も盛り込まれた。

二〇一八年、朝鮮半島が南北首脳会談や、米朝首脳会談によって、北東アジアの軍事的緊張を除去し、非核兵器地帯の形成に向かいつつあるなかで、この防衛大綱と中期防は時代錯誤の危険な逆流だ。沖縄の辺野古新基地建設強行や南西諸島への自衛隊配備の強化も、この流れのなかで進められている。

憲法九条に自衛隊を書き込む安倍改憲は、この流れの完成をめざすものだ。

市民運動の力で安倍改憲阻止

「戦争させない・9条壊すな！総がかり行動実行委員会」をはじめ、国会外の市民運動はいま進めている「安倍九条改憲NO！」の三〇〇〇万人署名運動の展開や、五月三日の憲法施行七二年記念日の全国的な統一行動を大規模に繰り広げ、合わせて国会内の立憲野党の結束と連携を発展させて、安倍首相らの改憲の動きを破産させるために全力を挙げる構えをとりつつある。三〇〇〇万署名を世論形成のための対話運動のツールとして、地域・職場・学園、インターネットなどのあらゆる分野でいっそう広範に展開しよう。

（文中敬称略）

たかだ けん──「戦争させない・9条壊すな！総がかり行動実行委員会」共同代表、「許すな！憲法改悪・市民連絡会」事務局長
一九四四年、福島県生まれ。早稲田大学文学部中退。出版社に入社した後、労働運動などに携わる。

資料編

自民党改憲重点四項目「たたき台素案」について

社会民主党
憲法改悪阻止闘争本部

1 九条改正
2 緊急事態条項
3 参院選「合区」解消
4 教育の充実

自民党憲法改正推進本部（細田博之本部長）は、二〇一八年三月二五日の党大会にあわせ、憲法九条改正を含む重点四項目の「たたき台素案」（以下「素案」と略す）を条文イメージの形でまとめた。安倍首相（党総裁）が昨年五月三日、二〇二〇年の憲法改正施行を目指すと表明したことに添う内容であり、自民党は、今後、改憲原案の国会発議に向け、速やかに衆参両院の憲法審査会で各党との協議に入るとしている。

自民党改憲重点四項目の「たたき台素案」について、現時点での懸念や問題点、反論の要点を整理したものであり、全党的な討議を経て、今後随時補強していく。

1 九条改正

〈条文イメージ〉

第九条

一　日本国民は、正義と秩序を基調とする国際平和を誠実に希求し、国権の発動たる戦争と、武力による威嚇又は武力の行使は、国際紛争を解決する手段としては、永久にこれを放棄する。

二　前項の目的を達するため、陸海空軍その他の戦力は、これを保持しない。国の交戦権は、これを認めない。

第九条の二（※第九条全体を維持した上で、その次に追加）

一　前条の規定は、我が国の平和と独立を守り、国及び国民の安全を保つために必要な自衛の措置をとることを妨げず、そのための実力組織として、法律の定めるところにより、内閣の首長たる内閣総理大臣を最高の指揮監督者とする自衛隊を保持する。

二　自衛隊の行動は、法律の定めるところにより、国会の承認その他の統制に服する。

疑問点・問題点

○集団的自衛権の行使を新たな任務とした自衛隊の承認

自衛隊を憲法に明記することは、「専守防衛」や災害救助、平和的な国際協力といった任務に加え、集団的自衛権の行使を新たな任務とした自衛隊の承認を意味する。アメリカと一緒に海外で戦争できる自衛隊を憲法に位置づけることになる。

○九条二項の戦力不保持、交戦権否認の規定が空文化・死文化

「前条の規定は、……必要な自衛の措置をとることを妨げず」とすることで、自衛隊を九条二項「陸海空軍その他の戦力は、これを保持しない」との制約が及ばない例外として正式に認めることとなる。九条二項で戦力不保持と交戦権否認を宣言しながら、「自衛」のためには集団的自衛権行使を含む「実力」を行使できることになる。「後法は前法に優越する」原則と相まって、九条二項の戦力不保持、交戦権否認の規定が空文化・死文化する。

○「自衛の措置」に何の制約も歯止めもない

歴代政権は、九条二項との関係で、自衛隊は「我が国が武力攻撃を受けた場合に備えた『専守防衛』の組織であり、他国の軍隊のように海外で武力行使をすることはない」と説明し、「必

要最小限度の実力組織」のみが認められるとしてきた。ところが「素案」は、「必要最小限度」ではなく、「必要な自衛の措置」と規定することで、「自衛に必要か否か」の判断がすべて政府に委ねられているようになり、「自衛の措置」＝「自衛権」の範囲には何の制約もなくなる。政府が「必要」と判断すれば、自衛隊の活動に歯止めがなくなり、「専守防衛」が有名無実化する。「戦争法」でも不可能なレベルの、フルスペックの「集団的自衛権」＝無制限の海外での武力行使に道を開く可能性がある。

○九条全体が「武力による平和」のための授権規範に変質

これまで「武力によらない平和」のための軍事に関する制限・禁止規範（戦争・武力行使、戦力保持の禁止）である九条一項・二項に基づき、自衛隊の活動や装備、防衛予算等をチェックし、集団的自衛権の行使や海外派兵などに歯止めをかけてきた。しかし、九条の二の追加によって、九条全体が「武力による平和」のための授権規範に変質する。違憲の「戦争法」も正当化される。

○三権から独立した軍事機関を創設、軍事の論理が平和憲法体系を浸食

警察や消防、他の行政機関が明記されないなかで自衛隊を特記することは、自衛隊を内閣に対して独立の地位にある憲法機関（会計検査院並び）とすることになり、立法、行政、司法の三権から独立した軍事機関を創設することになる。憲法が否定してきた軍事の「公共性」を自

衛隊に与え、軍事の論理が平和憲法体系を浸食していき、国防目的での人権制限や社会の「軍国主義」化につながる。具体的には、自衛隊の活動範囲や装備の拡大が促され、自衛隊法や「戦争法」、国民保護法制など関連法の全面改正、自衛隊機の夜間飛行の解禁や、自衛隊に対する国民の協力義務の拡大、物資保管命令や業務従事命令などの罰則付き義務化、有事の際の徴用等も考えられる。戦後、軍事目的の収用が削除された土地収用法についても、「公共の利益となる事業」から自衛隊のための施設や基地が除外される理由はなくなってしまう。

○閣議決定なくして内閣総理大臣が最高指揮官として行動

「素案」は、「内閣総理大臣は、内閣を代表して自衛隊の最高の指揮監督権を有する」（自衛隊法七条）と異なり、「内閣の首長たる内閣総理大臣を最高の指揮監督者とする」としているが、閣議決定なくして内閣総理大臣が最高指揮官として行動する余地を認めることになる。行政権の主体が内閣であるという日本国憲法全体の構造との矛盾が生じる。

○在外邦人保護との名目での海外派兵も可能

「素案」は、「自衛隊は、我が国の平和と独立を守り、国の安全を保つため、直接侵略及び間接侵略に対し我が国を防衛することを主たる任務」（自衛隊法第三条）と異なり、「国及び国民の安全を保つために」としているが、「国民の安全」を理由に自衛隊の活動が国内に留まらないことを正当化し、在外邦人保護との名目での海外派兵も可能になる。

○「加憲」ではなく「壊憲」

単に「九条の二」を付け加えるだけであるとして、「加憲」と表現するのは妥当ではない。内容的には、憲法の平和主義自体を破壊する「壊憲」であり、「普通の国」の軍隊に向けたさらなる改憲につながる。

反論の要点

◇「(改憲後も)自衛隊の役割と権限に変更はない」というのであれば、憲法に自衛隊を明記する積極的な理由はなく、憲法改正の必要自体ない。
◇政府は自衛隊を合憲としていたはずであり、国民投票で否決されれば違憲が確定することになり、大きな混乱が生じる。
◇「多くの学者が違憲だというから」というのが改正理由であれば、違憲との批判が強い集団的自衛権の行使を認める「戦争法」や閣議決定こそ廃止すべきである。
◇戦争放棄を謳った憲法、その具体化として戦力の不保持と交戦権の否認を規定した9条に軍事組織・自衛隊を明記することは二律背反である。

2 緊急事態条項

〈条文イメージ〉

第六四条の二（※国会の章の末尾に特例規定として追加）

大地震その他の異常かつ大規模な災害により、衆議院議員の総選挙又は参議院議員の通常選挙の適正な実施が困難であると認めるときは、国会は、法律で定めるところにより、各議院の出席議員の三分の二以上の多数で、その任期の特例を定めることができる。

第七三条の二（※内閣の事務を定める第七三条の次に追加）

一　大地震その他の異常かつ大規模な災害により、国会による法律の制定を待ついとまがないと認める特別の事情があるときは、内閣は、法律で定めるところにより、国民の生命、身体及び財産を保護するため、政令を制定することができる。

二　内閣は、前項の政令を制定したときは、法律で定めるところにより、速やかに国会の承認を求めなければならない。

疑問点・問題点

○主権者国民の意見を国政に反映させ、判断を仰ぐための重要な機会を奪う

「大地震その他の異常かつ大規模な災害」が仮に起こったとしても、国政選挙全体が不能になるということは通常考えられない。国会議員の選挙は、主権者国民の意見を国政に反映させ、国民の判断を仰ぐための重要な機会であり、安易に任期の延長を認めるべきではない。一九四一年二月、「現下の情勢は困難であり民心を選挙に集中させることを許さない」という理由で、「衆議院議員任期延長ニ関スル法律」と「府県会議員、市町村会議員等ノ任期延長ニ関スル法律」が制定され、国民の判断の機会を奪い、政治的な意思を反映できないまま真珠湾攻撃に至り、戦時体制の推進に任期延長が寄与した。

○国家緊急権の濫用と行政権の独裁強化

七三条の二で追加される国家緊急権は、濫用を阻止することは極めて困難であり、ひとたび濫用されるとこれを覆すことは極めて難しい危険な制度であり、行政府の独裁につながる。ドイツでは、ワイマール憲法の緊急事態条項に基づく大統領緊急令の濫用や、全権委任法（「民族および国家の危難を除去するための法律」、授権法）によって、ナチスの独裁が可能になった。また、「明治憲法においては、緊急勅令、緊急財政処分、また、いわゆる非常大権制度等

緊急の場合に処する途が広くひらけていたのである。これ等の制度は行政当局にとっては極めて便利に出来ており、それだけ、濫用され易く、議会及び国民の意思を無視して国政が行われる危険が多分にあった。すなわち、法律案として議会に提出すれば否決されると予想された場合に、緊急勅令として、政府の独断で事を運ぶような事例も、しばしば見受けられたのである」（一九四六年一一月三日内閣発行、法制局閲「新憲法の解説」）として、日本国憲法制定の際に、緊急事態条項の導入を見送った経緯と事実を、重く受けとめるべきである。

○歯止めにならない国会承認

国会の承認規定があるが、多数与党の際には民主的抑制機能に疑問があり、歯止めにはならない。

○「武力攻撃災害」も含まれる

「武力攻撃災害」への対応規定がある国民保護法は、武力攻撃と災害とが明確に区別されていない。そのため、「その他の異常かつ大規模な災害」に、「武力攻撃災害」が含まれる余地は十分残されている。他国と武力衝突が起きたときに、政令のみで国民の権利を制限することができるようになる。

反論の要点

◇仮に大規模災害によって実際に選挙ができない場合であっても、憲法四四条二項の参議院の緊急集会、公職選挙法五七条の繰延投票（「天災その他避けることのできない事故により、投票所において、投票を行うことができないとき、又は更に投票を行う必要があるときは、都道府県の選挙管理委員会は、更に期日を定めて投票を行わせなければならない。」）で対処可能である。

◇災害対応に大事なのは、緊急事態条項による権限の集中ではなく、事前の準備と現場の裁量である。内閣が立法権をもっていれば、より効果的な災害対処ができたとはいえない。

◇大規模災害等の非常事態にこそ、侵害されやすい基本的人権の具体化が求められる。

◇「いわゆる非常事態に際し」、「国民の生命、安全を守るということは、まさに憲法で言う公共の福祉の要請という点から見ましてそれは最大のものであ」り、「そのための措置は、現行憲法の枠内でも必要かつ合理的な範囲内で相当のことができる」（一九八一年三月一九日角田内閣法制局長官答弁）とされており、必要な災害関連法制を充実すべきである。他者の権利や重要な社会的利益を守るため、憲法一二条、一三条、二九条二項は人権に必要最小限の規制を加えることを認めており、七三条六号で法律による政令への罰則委任も規定している。これらを受けて災害対策基本法や災害救助法などが整備されており、例えば災害対策基本法は六四条で応急公用負担、七一条で従事命令、一〇九条で緊急措置などを定めている。

3 参院選「合区」解消

〈条文イメージ〉

第四七条

一　両議院の議員の選挙について、選挙区を設けるときには、人口を基本とし、行政区画、地域的な一体性、地勢等を総合的に勘案して、選挙区及び各選挙区において選挙すべき議員の数を定めるものとする。参議院議員の全部または一部の選挙について、広域の地方公共団体のそれぞれの区域を選挙区とする場合には、改選ごとに各選挙区において少なくとも一人を選挙すべきものとすることができる。

二　前項に定めるもののほか、選挙区、投票の方法その他両議院の議員の選挙に関する事項は、法律でこれを定める。

第九二条

地方公共団体は、基礎的な地方公共団体及びこれを包括する広域の地方公共団体とすることを基本とし、その種類並びに組織及び運営に関する事項は、地方自治の本旨に基づいて、法律でこれを定める。

疑問点・問題点

○「投票価値の平等」を否定

「人口を基本とし、行政区画、地域的な一体性、地勢等を総合的に勘案して、選挙区及び各選挙区において選挙すべき議員の数を定める」、「広域の地方公共団体のそれぞれの区域を選挙区とする場合には、改選ごとに各選挙区において少なくとも一人を選挙すべきものとすることができる」とすることは、憲法一四条の「法の下の平等」から導かれる「投票価値の平等」を否定し、一票の較差の肯定、国民の投票権の侵害につながる。

○国会議員を「全国民の代表」と定める四三条と抵触

憲法四三条は、「両議院は、全国民を代表する選挙された議員でこれを組織する」と定めている。議員は、有権者一人ひとりを代表しているのであって、行政区自体を代表しているわけではない。「広域の地方公共団体のそれぞれの区域を選挙区とする場合には、改選ごとに各選挙区において少なくとも一人を選挙すべきものとすることができる」として、参議院が地域代表（都道府県代表）の性格を強くすれば、国会議員を「全国民の代表」と定める四三条とは相いれなくなる。また、衆議院と参議院との関係をどう考えるべきかという、二院制に関する大きな問題になるが、こうした論点を真摯に検討したとはいえない。

○衆議院議員小選挙区の投票価値の平等にも影響

もともと参議院の合区解消のための改憲であるとされていたが、「素案」は、「両議院の議員の選挙」として、衆参にまたがる改憲を目指すものとなっている。衆議院議員の小選挙区の投票価値の平等に関する憲法判断にも影響を与える。

○地方自治制度は別途十分に議論すべき

「都道府県」ではなく「広域的な地方公共団体」とすることで、「道州制」も含まれかねない。しかし、地方自治制度については、分権・自治を推進する観点から、別途十分に議論されるべきである。

○自民党の党利党略

自民党の地盤である地方の議席を維持する思惑があるのではないか。

○改憲にこだわる自民党が参議院選挙制度改革の障害

「平成三十一年に行われる参議院議員の通常選挙に向けて、参議院の在り方を踏まえて、選挙区間における議員一人当たりの人口の較差の是正等を考慮しつつ選挙制度の抜本的な見直しについて引き続き検討を行い、必ず結論を得る」（公職選挙法附則七条）ことに基づき、二〇一九年の次期参院選に向けて選挙制度改革の議論が進んでいるが、憲法改正による合区解消を唱える自民党の主張が議論を混乱させ、成案作成の障害となっている。

反論の要点

◇憲法一四条「すべての国民は法の下に平等であって…」と、憲法四三条「両議院は、全国民を代表する選挙された議員でこれを組織する」によって、憲法において「投票価値の平等」が定められている。最高裁は二〇一四年一一月二六日判決で、最大四．七七倍の較差が生じた二〇一三年七月二一日施行の第二三回参議院通常選挙（選挙区選挙）について、「選挙区間の投票価値の不均衡は、…違憲の問題が生ずる程度の著しい不平等状態にあった」とする「違憲状態」と判示した。各党で協議を続けてきたが、一年前に無理矢理「合区」の導入を押し切ったのは自民党であり、「合区」を含む定数見直しでもなお最大三倍程度の較差を残したのも自民党である。

◇結局は、「一票の較差」が広がっても違憲性を問われないようにしたいだけの改憲である。

◇「一票の較差」の是正と同時に、民意を的確に議席数に反映させる選挙制度改革が必要である。合区の解消には、参議院選挙区の定数を増やす案や、ブロック選挙区と全国比例の併用案、選挙区選出をやめて比例代表に一本化する案など様々の方法があるが、いずれにせよ憲法四七条は「選挙区に関しては法律でこれを定める」としており、公職選挙法の改正で対応可能である。

4 教育の充実

〈条文イメージ〉

第二六条

すべて国民は、法律の定めるところにより、その能力に応じて、ひとしく教育を受ける権利を有する。

二　すべて国民は、法律の定めるところにより、その保護する子女に普通教育を受けさせる義務を負ふ。義務教育は、これを無償とする。

三　国は、教育が国民一人一人の人格の完成を目指し、その幸福の追求に欠くことができないものであり、かつ、国の未来を切り拓く上で極めて重要な役割を担うものであることに鑑み、各個人の経済的理由にかかわらず教育を受ける機会を確保することを含め、教育環境の整備に努めなければならない。

第八九条

公金その他の公の財産は、宗教上の組織若しくは団体の使用、便益若しくは維持のため、

又は公の支配に属しない慈善、教育若しくは博愛の事業に対し、これを支出し、又はその利用に供してはならない。

疑問点・問題点

○国家に尽くす国民の育成は危険、教育内容に不当な干渉や統制の懸念

教育について、「国の未来を切り拓く上で極めて重要な役割を担う」としているが、教育の目的は個人の人格の形成・完成であり、国益の追求ではない。国家に尽くす国民の育成につながる発想は危険である。また、二六条三項を根拠にして、教育内容に対して国の不当な干渉や統制を導く危険性もある。

○「権利に基づく要求」から「国家の努力目標（プログラム）」に

現行では、教育の無償化は「能力に応じて、ひとしく教育を受ける権利」に基づく要求であり、国は要求に基づき、教育の機会均等を実現すべく環境を整える責務を果たさなければならないという強い拘束力を有している。しかし、「教育環境の整備に努めなければならない」とする国の努力義務を追加することによって、「権利に基づく要求」を「国家の努力目標（プログラム）」におとしめてしまう。

○私学助成の合憲性に大きな問題なし

私学助成の合憲性を明確にするため、八九条を改正しようとしているが、私学助成については、「現行の法体制のもとにおいては私学に対して国が助成をすることは憲法上も是認されるのだという解釈がこれはもう肯定的に是認され、かつ確立した」（一九七九年三月一三日真田内閣法制局長官答弁）、「私立学校が私立学校振興助成法に決める監督を受けることをもって憲法第八九条後段に規定する公の支配に属すると、それに該当するというような解釈に立つもの」であり、「この解釈は一般にも是認されている」（一九八二年三月一〇日角田内閣法制局長官答弁）等のように解釈で対応しており、大きな問題となっているわけではない。

○私学に対する国家の教育統制を強化

八九条の「公の支配」を「公の監督」に変えることは、私学に対する国家の教育統制を強化することにつながる。

反論の要点

◇貧困の連鎖を解消するため、子どもの学習支援等の充実と高校までの教育無償化は必要であるが、三年連続で教育予算を削ってきた安倍政権。民主党政権下の高校無償化を「バラマキ」と批判した自民党に、「教育の充実」を理由に改憲を語る資格はない。
◇憲法二六条「すべて国民は、法律の定めるところにより、その能力に応じて、ひとしく教育を受ける権利を有する」の条文自体が高等教育の無償化を妨げてはいない。無償化はもとより教育の充実は、現行憲法のままで実現可能である。憲法二六条を活かし、奨学金や授業料減免などを手厚くするようきちんと財源手当したり、高校無償化のように法律を整備したりすればよい。
◇日本は、「経済的、社会的及び文化的権利に関する国際規約」(国連人権規約A規約)を一九七九年に批准したが、その際、同規約第一三条二(b)及び(c)に規定する中等・高等教育の漸進的無償化について、「無償教育の漸進的な導入」という部分に拘束されない権利を留保すると宣言した。その後、高校授業料の実質無償化が実現したことなどから、民主党政権下の二〇一二年にこの留保を撤回している。したがって、条約に対し誠実に遵守するよう定めている憲法九八条二項からも、高校・大学までの段階的な無償化を行う国際的な義務があり、その実現が迫られている。

おわりに

社会民主党幹事長
吉川はじめ

三月最後のＮＨＫ『日曜討論』に出席しました。統一自治体選挙前半戦の真っただ中の日曜日に各党選挙責任者を集め、選挙に向けた各党の意気込みや地方経済の現状認識、無投票が続発する地方議会の在り方などを中心に討論が行われました。そして、最後に「後半国会に向けて」という議題がなぜか（選挙責任者の職責を超えている）設定されていました。

そこで、自民党の甘利選対委員長から耳を疑う話が飛び出しました。憲法について「解釈で乗り切るのは限界にきているから改正が必要」という内容の発言です。

「戦争法」で、これまで違憲とされてきた集団的自衛権行使を解釈変更で可能にした上に、居直って今度は憲法改正だとうそぶく、まさに「盗人猛々しい」とはこのことです。また、権力者がやりたいことをやるために憲法を変えるというのでは、憲法に立脚した政治の全面否定です。

さらに問題なのは、「解釈では限界」だから「改憲」というロジックです。甘利氏の発言は、それこそ二つの解釈が可能です。一つ目は自衛隊の任務や権限をさらに拡大したいが、それを憲法解釈変更で乗り切るのは難しいというものです。具体的にはフルスペックの集団的自衛権行使や、本格的な敵基地攻撃能力の獲得による専守防衛の放棄などが想定されます。

もう一つの解釈は集団的自衛権行使の一部を合憲とした憲法解釈変更は、そもそも無理があったというものです。これだと「戦争法」は純然たる違憲立法ですし、それで改憲だというのであれば法の下克上になってしまいます。

おそらく甘利氏の立場は前者だと推測されます。ところが、ここに大きな矛盾が生じます。安倍首相はことあるごとに九条改憲について、憲法に自衛隊を明記するだけで、これによって自衛隊の任務や権限には何ら変更は生じないと言ってきました。甘利氏の発言は、この安倍首相の発言と真っ向から対立します。

国会では、自民党と安倍政権の補完勢力となった一部野党によって、改憲への動きがやんでいません。手を変え、品を変え、改憲の理由付けが行われていますが、その本質は現憲法に貫かれている国民主権、基本的人権の尊重、平和主義の否定、改変です。この本質を見失うことなく、憲法を守る運動の一助にこの冊子が役立てれば幸いです。

最後に、出版に当たってご協力いただいた四人の先生方、そして本冊子のために市民運動の面から一文をお寄せいただいた高田健さんに心から感謝します。

安倍改憲をあばく

二〇一九年六月二八日　初版第一刷発行

編者――――社民党憲法改悪阻止闘争本部
発行者――――東方出版株式会社
〒五四三―〇〇六二　大阪市天王寺区逢阪二―三―二
電話　〇六―六七七九―九五七一／FAX　〇六―六七七九―九五七三
印刷――――株式会社 国際印刷出版研究所
乱丁落丁本はお取り換えいたします。
ISBN 978-4-86249-361-3 C0031